Gustave Struve

Pflanzenkost

Die Grundlage einer neuen Weltanschauung

Gustave Struve

Pflanzenkost
Die Grundlage einer neuen Weltanschauung

ISBN/EAN: 9783743325821

Hergestellt in Europa, USA, Kanada, Australien, Japan

Cover: Foto ©ninafisch / pixelio.de

Manufactured and distributed by brebook publishing software
(www.brebook.com)

Gustave Struve

Pflanzenkost

Pflanzenkost,

die

Grundlage einer neuen Weltanschauung

von

Gustav Struve.

Stuttgart 1869.

Im Selbstverlage des Verfassers.

In Commission in der Buchhandlung von Karl Aue.

K. Hofbuchdruckerei Zu Guttenberg (Carl Grüninger).

Inhalts-Verzeichniß.

Seite

§. 1. Einleitung 1

Erstes Buch. Allgemeine Begriffe.

§. 2. Die Grundlehren der vegetabilischen Lebensweise 11
§. 3. Der Unterschied zwischen Fleisch- und Pflanzenkost 18
§. 4. Welcher Unterschied besteht zwischen Menschen- und Thierfleisch? 24
§. 5. Hat die Natur den Menschen zum Fleischesser gebildet? . . 26
§. 6. Ist es wahr, daß die Pflanzenkost den Menschen entnervt
und schwächt? 29
§. 7. Ist der Pflanzenesser weniger als der Fleischesser im Stande
Strapazen auszuhalten? 31
§. 8. Ist es wahr, daß die Fleischkost Kraft gibt? 33
§. 9. Unterscheidet sich der Kampf der Fleischesser gegen die Pflanzenkost von irgend einem andern Kampfe des Unrechts? . . 35
§. 10. Auf welche Gründe läßt sich das Fleischessen zurückführen? . 37
§. 11. Welche Einwürfe setzen die Fleischesser der Pflanzenkost entgegen? 40
§. 12. Kann das Fleisch eines kranken Thiers dem Menschen eine gesunde Nahrung bieten? 44
§. 13. Was ist Materialismus in Essen und Trinken? 47
§. 14. Worin besteht die Schlemmerei? 48
§. 15. Welche Lebensweise befördert das Laster: die Pflanzen-, oder
die Fleischkost? 50
§. 16. Wie wird sich die Menschheit und die Erde gestalten unter
dem Einflusse der Pflanzenkost? 53

Zweites Buch. Tragweite.

§. 17. Vorbemerkung. 56
§. 18. Wie verhält sich die Pflanzenkost zum Materialismus unserer Zeit? 57
§. 19. Zum Wohlschmack und zur Gesundheit? 60
§. 20. Zum geselligen Leben? 62
§. 21. Zur Erziehung? 64

Seite

§. 22. Zur National-Oekonomie? 66
§. 23. Zur Theologie? 71
§. 24. Zum Rechte? 73
§. 25. Zur Heilkunde? 75
§. 26. Zur Philosophie? 77
§. 27. Zu Krieg und Frieden? 78
§. 28. Zu Kunst und Wissenschaft? 80

Drittes Buch. Geschichtliches.

§. 29. Uebersicht 81
§. 30. Pythagoras und Ovidius 85
§. 31. Plutarch, Apollonius von Tyana und Porphyrius 88
§. 32. Jean Jacques Rousseau und Benjamin Franklin 95
§. 33. Gleïzès 96
§. 34. Shelley, Byron und die Engländer 101
§. 35. Schiller und J. P. Fr. Richter 103
§. 36. Sylvester Graham, Dr. Alcott, Dr. Trall und die Amerikaner 106
§. 37. Zimmermann, Weilshäuser, Hahn, Balzer und die deutschen
Freunde der natürlichen Lebensweise 108
§. 38. Bock, Molleschott, Liebig, Virchow und die deutschen Gegner
der natürlichen Lebensweise 112

Viertes Buch. Schlußbemerkungen.

§. 39. Die Alltagsmenschen 117
§. 40. Die Afterweisheit unserer Tage 119
§. 41. Siechthum und Tod 120
§. 42. Die Metzger, die Köche und ihre Opfer 122
§. 43. Kinder, Frauen und Männer 123
§. 44. Vergangenheit, Gegenwart und Zukunft 126
§ 45. Schluß 128

§. 1. Einleitung.

Schon in früher Kindheit empfand ich einen tiefen Widerwillen, wenn ich Thiere zur Schlachtbank schleppen sah und ich legte mir die Frage vor: hat der Mensch ein Recht, harmlose und nützliche Thiere zu tödten, und sich von deren Fleische zu nähren? Die Antwort wurde mir von allen Seiten dahin gegeben, daß der Mensch allerdings dieses Recht habe. Größer geworden legte ich mir die weitere Frage vor, ob die Jagd ein erlaubtes Vergnügen sei? So lange ich mich übrigens im Strudel eines bewegten geselligen Lebens befand, gelangte ich zu keiner klaren Anschauung in Betreff der beiden aufgeworfenen Fragen, noch weniger wäre ich wohl im Stande gewesen, eine der herrschenden Meinung widersprechende Ansicht consequent durchzuführen.

Im Anfange des Jahres 1831 trat ich aber aus dem Staatsdienste und hatte daher keine der vielen Rücksichten mehr zu nehmen, welche die Freiheit der Bewegung der Staatsdiener so sehr beeinträchtigen. Es war am 3. Mai 1832 daß ich in Rousseau's Emil eine Stelle aus Plutarch las, welche mit glühenden Farben schildert, wie grausam der Mensch den Thieren gegenüber zu Werke gehe.

Die ganze Stelle findet sich in deutscher Uebersetzung in Eduard Baltzers Pythagoras, nach welchem ich sie §. 31 unten habe abdrucken lassen.

Schon stand mein Mittagessen auf dem Tische. Ich aber faßte den Entschluß, kein Fleisch mehr zu essen, und habe ihn gehalten bis auf den heutigen Tag.

1

Als Freunde und Bekannte von meinem Entschlusse Kenntniß erhielten, so wurde ich deßhalb von allen Seiten angegriffen. Anfangs berief ich mich auf die innere Stimme des unverdorbenen Menschen, welche ihm immer zurufe, es sei nicht recht, ein harmloses, nützliches Thier zu schlachten, auf den natürlichen Widerwillen, den jeder milde Mensch hege, beim Anblicke eines Schlachthauses und aller derjenigen Scenen, die sich dort und auf dem Wege dahin zutragen. Wenn die Mediciner sich auf die Zähne und Eingeweide des Menschen beriefen, um daraus abzuleiten, daß der Mensch von der Natur dazu bestimmt sei, Fleisch zu essen, wußte ich anfangs nur zu erwiedern, der Mensch habe von der Natur nicht nur, gleich dem Thiere, Zähne und Eingeweide, sondern auch ein Gehirn, Verstand und Gefühl erhalten, und wenn sich daher ein Widerspruch bilde zwischen den Organen, welche wir mit dem Thiere gemein hätten und denjenigen, welche das Sondergut des Menschen bildeten, müssen wir nicht den niedrigen thierischen, sondern den höheren, rein menschlichen Anregungen folgen.

Schon bald ersah ich jedoch aus verschiedenen Schriften, die ich las, daß der von den Zähnen und Eingeweiden hergenommene Einwand gegen die Pflanzenkost, durchaus irrig sei, indem schon Cuvier die desfallsigen Fabeln Büffons widerlegt habe. Ich erkannte, daß der Mensch weder die Krallen des Tigers, noch den Rachen des Löwen besitze, vielmehr unter allen Thieren, seiner ganzen Organisation nach, den großen Affen, welche sich wesentlich von Früchten nähren, am nächsten komme.

Uebrigens, fügte ich dieser Bemerkung immer hinzu, ist weder der Tiger, noch der Affe das Ideal, nach welchem ich meine Lebensweise einrichte. Wesen höherer Art können allein mir Muster und Vorbilder sein und diese stelle ich mir nie als Fleisch essend vor.

Wenn ich mich durch Zähne und Eingeweide nicht bekehren lassen wollte, so bemerkten die Mediciner gewöhnlich, bald werde ich an dem Nachlaß meiner Kräfte spüren, daß ich nicht die der Gesundheit zuträgliche Lebensweise führe.

In dieser Beziehung konnte ich aber schon bald den Gegnern noch besser dienen, als in Betreff der Zähne und Eingeweide. Seit Jahren hatte ich nehmlich sehr viel gelitten an Congestionen des Blutes nach dem Kopfe, an Migräne, Hämerrhoiden, Leberschmerz ꝛc. Ich hatte wiederholt die Gelbsucht und das Gallenfieber gehabt. Den ganzen Winter von 1831 auf 1832 hatte ich medicinirt. Namentlich hatte ich auch viele Pocken im Gesichte, welche nicht weichen wollten. Ohne Rücksicht auf diese Uebel hatte ich die Fleischkost aufgegeben, ich hatte keine Ahnung davon, daß das Fleisch, das ich genoß, die wirkliche Ursache meiner Beschwerden sei. Allein vor Ablauf breier Monate waren alle diese alten Uebel verschwunden und ich wurde so mit zwingender Gewalt zu der Ueberzeugung gebracht, daß die Pflanzenkost die gesunde, die Fleischkost die ungesunde Nahrung sei.

Doch, was ich auch sagen mochte, wirkte nicht auf meine medicinischen Gegner. Sie konnten mir nicht bestreiten was ich selbst an mir wahrgenommen hatte. Allein sie sagten, bei meiner Jugend könne ich vielleicht die Pflanzenkost ertragen, aber in ältern Tagen werde ich die Nachtheile derselben schon noch finden. Bei der Pflanzenkost bin ich aber nach und nach 63 Jahre alt geworden, und habe Tausende von Fleischessern um mich her sterben sehen, welche von der Natur gewiß so gut als ich ausgestattet waren. Allein sie aßen Fleisch, tranken Bier und Wein, rauchten Tabak, lebten überhaupt nach den Vorschriften unserer Aerzte, und starben demzufolge in verhältnißmäßig jungen Jahren.

Eine andere Art, mir entgegenzutreten, bestand darin, daß man mir sagte, wenn ich consequent sein wolle, dürfe ich keine Eier essen, weil diese den Keim des Lebens in sich schließen, keinen Zucker, weil dieser mit Ochsenblut und Knochenmehl gereinigt werde, ich dürfe keine Seide tragen, weil diese nicht gewonnen werden könne, ohne den Seidenwürmern Schaden zu bereiten u. s. w.

Weit entfernt, mich durch diese Einwendungen zur Fleischkost zurückzuführen zu lassen, entfernte ich mich in Folge derselben eine Zeit lang noch weiter von den herrschenden Gewohnheiten. Länger als ein Jahrzehnt aß ich keine Eier mehr, eine Zeit lang genoß ich auch keinen Zucker und es hätte nicht viel gefehlt, so hätte ich mich auch von dem Gebrauche der Seide losgesagt.

Allein nach einiger Zeit erhob ich mich zu einer weit praktischeren Polemik. Ich bemerkte meinen Gegnern, sie sollen einmal mit mir aufhören, Fleisch zu essen und wenn sie mir dann das Beispiel der Entsagung in Betreff der Eier, des Zuckers, der Seide u. s. w. geben wollten, würde ich ihnen folgen.

Natürlich ging mir niemand voran, ja niemand folgte auch nur meinem Beispiele in Betreff der Vermeidung von Fleischspeisen. Alle meine Gefechte mit den Vertretern der Fleischkost waren von deren Seite nur Scheingefechte. Ich erkannte sehr bald, daß es meinen Gegnern auf Wahrheit gar nicht ankomme, daß sie sich vielmehr nur durch die herrschende Gewohnheit und ihre eigenen Neigungen bestim= men ließen, daß aber selbst wenn sie einsahen, ich habe Recht dadurch keineswegs bestimmt würden, die Fleischkost aufzugeben, vielmehr ihre alte Lebensweise beibehielten ohne alle Rücksicht darauf, ob sie eine sittliche oder unsittliche, eine das feinere Gefühl verletzende oder achtende, ja selbst eine gesunde oder ungesunde sei.

Das Wort eines noch so unwissenden Mannes, welcher Arzt war, galt mehr als das meinige, der ich die Nahrungsfrage nicht blos theoretisch aus Büchern, sondern auch praktisch im Leben studirte und meine Ansicht ohne allen Eigennutz, nur aus Liebe zur Wahr= heit und zur Menschheit aussprach.

Von Göttingen, das ich schon bald nach meiner Selbstbekehrung zur Pflanzenkost verließ, zog ich nach Jena, wo ich wiederum mit allen vier Facultäten mich herumzustreiten hatte, und von da nach Karlsruhe in das Haus meiner lieben Mutter.

Dort hatte ich eigentlich den schwersten Stand, indem weder meine Mutter, noch meine Geschwister im geringsten auf meine An= sichten über Fleischkost und Pflanzennahrung eingingen. Im Jahre 1836 siedelte ich nach Mannheim über. Dort erst erhielt ich Kennt= niß davon, daß verschiedene Engländer und auch Deutsche, nament= lich Herr Zimmermann in Halle und Herr Weilshäuser in Oppeln meine Ansichten theilten. Dort erhielt ich von der Wittwe des Herrn Gleizes dessen treffliches Werk Thalysie zugeschickt. Allein mir ge= lang es erst im Jahre 1845 die erste Seele für die Pflanzenkost zu gewinnen. Es war Amalie Dufar, meine erste Gattin.

In Mannheim vollendete ich auch mein erstes Werk über die vegetabilische Lebensweise unter dem Titel „Mandaras Wanderun= gen," nachdem ich dasselbe schon zu Jena im Jahre 1833 begonnen hatte. Ich ließ es auf meine Kosten drucken, da ich keinen Verleger dafür fand. Erst später erhielt ich Kenntniß von den Werken Zimmermanns *) und Gleizes **).

Die vegetabilische Lebensweise übte einen mächtigen Einfluß auf meine körperliche und geistige Entwicklung und auf mein ganzes Verhältniß zur Menschheit. Sie gab mir, wie ich schon oben erwähnte, meine verlorene körperliche Gesundheit zurück und verlieh mir eine Arbeitskraft, wie ich sie früher nie besessen hatte. Meine Freunde, welche mit mir auf der Universität gewesen waren, sagten mir in den Jahren nach 1833 oft, daß mir die Pflanzenkost gut bekomme, und daß ich augenscheinlich in deren Folge viel milder geworden sei.

Als im Jahre 1848 der Sturm der Revolution ausbrach, hatte ich Anstrengungen zu machen und Strapatzen auszuhalten, wozu mir nur die vegetabilische Lebensweise, der ich unter allen Umständen treu blieb, die Kräfte lieh.

Im Herbste 1849 kam ich nach London. Dort suchte mich Herr Dornbusch, ein Mitglied der vegetarianischen Gesellschaft von London auf. Ich theilte demselben meine Ansichten mit und er mir die seinigen. Dornbusch und der ganze Verein, dem er angehörte, ging viel weiter, als ich: er aß kein Salz-und keinen Zucker, genoß keine Milch, keinen Butter und keinen Käse, er hatte Scrupel, sich von Pferden ziehen zu lassen und vermied es daher, mit einem Omnibus zu fahren. Mehreremale war ich sein Gast bei Tische, wahrhaftig nicht aus Lüsternheit, sondern nur um der Gesellschaft willen. Bevor ich London verließ, sagte ich Herrn Dornbusch, wenn er wolle, möge er fortfahren keine Milch u. s. w. zu genießen, aber das Salz könne er nicht entbehren. Der Genuß des Salzes sei unumgänglich nothwendig, um die Bildung kräftiger Knochen möglich zu machen. Er hörte nicht auf meinen Rath. Als ich ihn im Jahre 1865 wieder sah, war er um einen halben Fuß kleiner geworden, mit Mühe konnte er auf zwei Krücken gehen, er konnte weder sitzen, noch stehen. Seine Knochen waren zu Knorbeln ohne Festigkeit geworden. Dennoch blieb er dabei, kein Salz zu essen. Vergeblich waren alle meine Mahnungen.

---

*) S. unten §. 37.   **) S. unten §. 33.

Ich hatte im Jahre 1849 schon eine siebenzehnjährige Erfah=
rung in Angelegenheiten der Pflanzenkost hinter mir, und zwar aus
einer Zeit voll von Wechselfällen. Die Pflanzenkost hatte sich an
mir bewährt in Tagen des Friedens und des Krieges, der Freiheit
und der Gefangenschaft. Sie hatte mir die Kraft gegeben, die stärk=
sten Anstrengungen, die anhaltendste Arbeit im Stubirzimmer, auf
der Rednerbühne und im Felde zu bestehen; sie hatte mich gestählt
gegen die feuchte Luft der Rastatter Casematten und mir so viel
Ruhe eingeflößt, daß ich mitten in der Aufregung des Prozesses, der
meine Ehre und meine Freiheit, ja auch mein Leben bedrohte, die
beiden ersten Bücher meiner Weltgeschichte schreiben konnte.

Als ich nach Amerika kam (1851), mußte ich mit der größten
Anstrengung arbeiten, um mir eine neue Existenz zu schaffen. Zehn
Jahre lang blieb ich an den Schreibtisch gefesselt, um meine Welt=
geschichte zu vollenden und mehrere Zeitschriften zu redigiren. Im
Jahr 1861 griff ich zum Schwerte, um als Mann von 55 Jahren
das Meinige zur Unterdrückung der Rebellion der Sklavenhalter
beizutragen. Ich ertrug die furchtbaren Strapatzen der Jahre 1861
und 1862 zwar nicht, ohne mehreremale denselben für den Augen=
blick zu erliegen, allein ohne doch bleibenden Schaden an meiner
Gesundheit zu nehmen.

Im Jahre 1863 kehrte ich nach Europa zurück. Ich fand die
Angelegenheit der Pflanzenkost ziemlich in derselben Lage, in welcher
ich sie 1849 verlassen hatte. In Amerika hatte ich zwar von den
Bestrebungen des Herrn Sylvester Graham und des Doctor Trall
gehört, ohne jedoch denselben näher zu treten. Es gereichte mir
jedoch zum Troste und zur Aufmunterung, zu wissen, daß meine
Ansichten in Betreff der Pflanzen= und Fleischkost auch von anderen
denkenden Menschen getheilt wurden. Ein Artikel über diesen Ge=
genstand, den ich 1864 in den Illustrirten Familienblättern von
Payne zu Leipzig abdrucken ließ, hatte zahlreiche Anfragen von vielen
Seiten zur Folge. Die Schriften, welche Weilshäfer während
meiner Abwesenheit aus Deutschland herausgegeben hatte, hielten
das Interesse für das System der Pflanzenkost einigermaßen wach.
Erst im Jahre 1865 erhielt ich jedoch Kenntniß von den Schriften
des Herrn Theodor Hahn und erst 1868 von denjenigen Eduard

Balzers. Besondere Freude machte mir Balzer's Pythagoras, den mir der verehrte Verfasser zuschickte. Durch Herrn Balzer erfuhr ich auch, daß seine Bemühungen zu Verbreitung der vegetabilischen Lebensweise nicht erfolglos geblieben waren, sich vielmehr eine nicht unbeträchtliche Anzahl praktischer Gesinnungsgenossen von nahe und fern um ihn gesammelt hatten.

Im Laufe des Jahres 1868 entstand das „Vereinsblatt für Freunde der natürlichen Lebensweise", herausgegeben von Eduard Balzer, welches bald Abnehmer genug fand, um bestehen zu können.

Sechsunddreißig Jahre lang hatte ich von Pflanzenkost ganz vereinzelt gelebt. Allerdings hatte ich aus Büchern und Briefen von Gesinnungsgenossen vernommen, welche, gleich mir, ihre Ansichten in's wirkliche Leben einführten. Auch hatte ich in Stuttgart die Besuche mehrerer derselben empfangen. Allein ich hatte niemals einer Versammlung von Vegetarianern beigewohnt. In London und in New-York hatten wohl während meiner Anwesenheit daselbst häufige Zusammenkünfte von Vegetarianern stattgefunden. Allein ich hatte daran keinen Theil genommen, weil die pietistische Färbung und mancherlei Uebertreibungen, welche dieselben meistentheils hatten, mich abstießen und weil ich zu sehr mit anderen Dingen beschäftigt war, als daß ich viel Zeit und Kraft zu meiner freien Verfügung gehabt hätte.

Im Monate November 1868 besuchten mich zwei junge Männer: der Rechtscandidat Uibel aus Villingen und der Candidat der Philologie Paulus aus Ludwigsburg, theilten mir mit, daß sich eine kleine Anzahl von Anhängern der Pflanzenkost hier und in der Umgegend finde und besprachen sich mit mir über die Berufung einer Versammlung von Vegetarianern. Wir vereinigten uns dahin, daß in Stuttgarter Blättern die Vegetarianer aufgefordert werden sollten, ihre Adressen an mich einzuschicken. Die auf diese Weise uns kund gewordenen Personen wurden sodann privatim eingeladen zu einer Versammlung, welche Sonntag den 22. November in einem Zimmer des Hotel Royal stattfand. Es kamen daselbst etwa 20 Personen, darunter fünf weiblichen Geschlechts, zusammen. Herr Director Paulus vom Salon zu Ludwigsburg führte den Vorsitz. Die Herren Candidaten Uibel und Paulus hielten Ansprachen, welche

hauptsächlich nachwiesen, daß die vegetabilische Lebensweise die na=
türliche, folgeweise die einzig gesunde und auch die ökonomischere sei.
Ich entwickelte dann meinen Standpunkt, indem ich ausführte, daß
je weiter der moralische Gesichtskreis des Menschen, desto größer
auch die Zahl der Wesen sei, welche von demselben umfaßt werde.
Die Frage, auf welche es zunächst ankomme, sei, bei welcher Lebens=
weise, der vegetabilischen oder der mit Fleischkost gemischten, der
Mensch sich körperlich und geistig am besten entwickele? Ich beant=
wortete sie unter Bezugnahme auf meine persönlichen Erfahrungen,
auf den Gegensatz zwischen den Fleisch und Pflanzen essenden Thie=
ren, Menschen=Individuen, Kasten und Nationen zu Gunsten der
Pflanzenkost.

Es wurde dann verabredet, in 14 Tagen, d. h. Sonntag den
6. Dezember wieder eine Versammlung und zwar in der Wohnung
des Hrn. Schlossermeisters Hoppe abzuhalten. In dieser theilten
wir uns gegenseitig unsere Erfahrungen mit, wobei es sich heraus=
stellte, daß mehrere von uns durch körperliche Leiden veranlaßt
worden waren, der Fleischkost zu entsagen, und unter dem Systeme
der Pflanzennahrung ihre normale Gesundheit ohne Zuthun von
allen Arzneimitteln wieder gewonnen hatten.

In der Versammlung vom 20. Dezember hielt ich einen Vor=
trag über „das Verhältniß der Pflanzenkost zum Materialismus
unserer Tage" *), worauf wir uns zu einem Vereine constituirten
und einen Vorstand wählten. Hr. Director Paulus von Ludwigs=
burg, Hr. Lehrer Schöttle und ich bildeten denselben, während Hr.
Candidat Sauer, der schon in unsrer ersten Versammlung als Ge=
schäftsführer ernannt worden war, in seinen Functionen bestätigt
wurde.

Eine vierte Zusammenkunft hielten wir am 3. Januar. Frau
Struve hielt in derselben einen Vortrag über die Frage: Wie wirkt
die Fleischkost und wie die Pflanzenkost auf Thier und Menschen?
Ich entwickelte dann die Grundlehren der vegetabilischen Lebensweise.

Am 17. Januar fand die fünfte Versammlung statt. Ich hielt
darin einen Vortrag über das Verhältniß der Pflanzenkost zur Na=

---

*) abgedruckt § 18. unten.

tionalökonomie. An diesen schlossen sich verschiedene Mittheilungen und Verhandlungen, welche einen sehr lebhaften Charakter hatten und bewiesen, daß der Verein über nicht unbedeutende geistige Kräfte zu verfügen habe.

Von Versammlung zu Versammlung hatte sich die Zahl der Anwesenden unausgesetzt vermehrt. Die fünfte Versammlung zeichnete sich namentlich dadurch aus, daß ein besonders zahlreicher Kreis von Damen sich darin eingefunden hatte. Am 31. Januar hielt ich einen Vortrag über das Verhältniß der Pflanzenkost zum geselligen Leben. Nachdem in der Versammlung vom 17. Januar die schöne Stelle von Plutarch vorgetragen worden war, kam am 31. diejenige von Ovid zur Verlesung, und nachdem am 3. Januar das Verhältniß der Pflanzenkost zum Christenthume beleuchtet worden war, kam sie am 31. ein zweites= mal zur Sprache. Ich sprach mich darüber am 3. Januar dahin aus: die vegetabilische Lebensweise ruhe wesentlich auf wissenschaft= licher Grundlage, die verschiedenen Glaubensbekenntnisse könnten daher hier nicht berücksichtigt werden. Am 31. Januar fügte ich weiter hinzu: wenn wir Glaubensbekenntnisse berücksichtigen wollten, so dürften wir uns auf das Christenthum nicht beschränken. Es gebe auch eine Religion Buddha's, welche mehr Anhänger zähle als das Christenthum, nämlich 300 Millionen. Diese Religion mache aber ihren Anhängern daraus eine Gewissenspflicht, harmlose Thiere nicht um ihres Fleisches willen zu tödten und kein Fleisch zu ge= nießen.

Verschiedene Mitglieder des Vereins nahmen jedoch die Frage auf christlichem Boden auf und beantworteten sie dahin: das Chri= stenthum berühre zwar ausdrücklich die Frage der Pflanzenkost nicht, allein aus dem Geiste der Liebe, welcher es beseele, gehe hervor, daß es unmöglich einer liebreichen Auffassung des Verhältnisses der Menschen zu den Thieren im Wege stehen könne. Die Vielweiberei, die Sklaverei und manche andere Uebelstände seien nach der Bibel nicht verboten gewesen, dennoch gewiß mit Recht von den Christen späterer Zeit abgeschafft worden. Im Paradiese seien die Menschen ausdrücklich auf die Pflanzenkost verwiesen worden, und wenn auch nach der Sündfluth den Menschen Fleischspeisen erlaubt worden seien, so sei dieses doch nur wegen ihrer Herzenshärtigkeit geschehen, die Hoffnung auf eine bessere Zeit, da Frieden sein würde zwischen Menschen und Thieren und da der Löwe Stroh fressen würde, sei darum doch nicht aufgegeben worden.

So blüht und gedeiht unser Stuttgarter Verein, und diese Schrift kann als eine der Früchte desselben bezeichnet werden.

Manchen Leser dürfte es vielleicht interessiren zu vernehmen, daß ich mich in meinem 62sten Jahre stark genug fühlte, eine zweite Ehe einzugehen, in welcher ich seit 1½ Jahren glücklich lebe. Meine Frau war, als ich sie vor 3½ Jahren kennen lernte, sehr leidend, und hat dieselbe Erfahrung, wie viele andere gemacht, indem das Aufgeben der Fleischkost ohne alle Arzeneien hinreichte, ihre Gesund=heit wieder herzustellen. Sie ist eine eifrige Anhängerin der blut=losen Lebensweise geworden und begnügt sich nicht damit, dieselbe praktisch durchzuführen. Sie trägt auch das Ihrige bei, sie weiter zu verbreiten.

Erstes Buch.

Allgemeine Begriffe.

§. 2. Die Grundlehren der vegetabilischen Lebensweise.

Der oberste Grundsatz, von welchem die Freunde einer natür=
lichen Lebensweise in Betreff der Ernährung des Menschen aus=
gehen, ist:

> „Der Mensch soll nur genießen, was seine körperliche und
> geistige Entwickelung fördert, und vermeiden, was diese
> hemmt."

Eine Folge dieses allgemeinen Grundsatzes ist, daß der Mensch
1) kein Thierfleisch genießen soll, da dieses die Tödtung von Thieren
voraussetzt und überdieß Fleisch ein ungesundes Nahrungsmittel ist.

Wer es nicht fühlt, daß es grausam ist, harmlose und nützliche
Thiere zu tödten, um deren Fleisch zu essen, dem ist es schwer, das
Unrecht solcher Tödtungen begreiflich zu machen, wie es schwer ist,
dem von Geburt an Tauben die Töne und dem von Geburt an
Blinden die Farben begreiflich zu machen. Allein unverdorbene
Menschen, namentlich Kinder, empfinden gewöhnlich Widerwillen
beim Anblicke der in unseren Schlachthäusern und Küchen aufge=
führten Mordscenen.

Der intellectuelle und moralische Gesichtskreis der Menschen ist
verschieden. Derjenige, dessen Blick nicht bis zur Thierwelt reicht,
diese nicht in dem Kreis seiner Pflichten mit begreift, wird früher

ober später die Folgen seiner Kurzsichtigkeit empfinden, denn diese machen sich nach den ewigen Gesetzen der Natur geltend, ob der Mensch daran denke, oder nicht.

Uebrigens ist es nicht die Aufgabe dieses Paragraphen, die Grundlehren der vegetabilischen Lebensweise nachzuweisen. Sie werden ihre Begründung in jedem Paragraphen dieses Werkes finden. Hier sollen sie nur aufgezählt werden.

Aus dem oben aufgestellten Grundsatz folgt außer dem ersten negativen Folgesatze:

2) der Mensch soll so einfach als möglich leben,

denn Einfachheit ist die Grundlage alles sittlichen, geistigen und körperlichen Wohlbefindens. Wer einfach in Wort und That, in Wohnung und Kleidung, in Speise und Trank ist, wird sich dadurch große Verlegenheiten und Mißbehagen ersparen.

Wer einfach lebt, entgeht dadurch schon fast ganz der Gefahr der Unmäßigkeit, denn diese ist meistentheils die Folge sich steigernder Reizmittel. Der Schlemmer fängt damit an, außer mehreren dem Pflanzenreiche angehörenden Speisen mehrere Arten von Fleisch zu essen. Um dieses Gemische ungleichartiger Stoffe verdauen zu können, setzt er Wein darauf. Dann folgt Kaffee und am Ende noch ein Schnäpschen, so daß nichts übrig bleibt, als der Schlaf, welcher das gestörte Gleichgewicht der Kräfte wieder herstellen soll. Das thut er denn auch eine Zeit lang. Dabei vermindert sich aber das Gesundheitscapital des Schlemmers von Tag zu Tage, bis es auf nichts herabsinkt, d. h. der Tod der Schlemmerei ein Ende macht.

Dem Gebote der Einfachheit entspringt die Weisung:

„genieße nicht zu vielerlei!"

demselben nahe verwandt, aber doch nicht vollkommen gleich, ist

3) das Gebot der Mäßigkeit, welches sagt:

„genieße auch von demselben Stoffe nicht zu viel!"

Dieses ist immerhin möglich. Mir sind Fälle bekannt, da sich Menschen durch übermäßigen Gebrauch von Wasser und durch den Genuß von zu viel Brod die Gesundheit verdorben haben. Doch gehören diese Fälle zu den Ausnahmen. Der einfache Mensch ist gewöhnlich auch mäßig.

Viele Fleischesser haben mich verwundert gefragt, was sie denn essen sollten, falls sie dem Fleisch entsagen müßten. Meine Antwort, welche zugleich der vierte Folgesatz des aufgestellten Grundsatzes, ist: „das unendliche Reich der Pflanzen mit vernünftiger Auswahl," denn auch im Reiche der Pflanzen gibt es Gifte und manche andere Stoffe, welche, ohne gerade giftig zu sein, entweder zu unverdaulich, zu übelschmeckend oder zu inhaltsleer sind, um als gesunde Nahrungs= mittel verwendet werden zu können.

Ueber die auszuwählenden Pflanzenstoffe geben die weiter unten namentlich §§ 36. 37. erwähnten Schriften genügende Auskunft. Ich beschränke daher meine Ausführung auf einige wenige Fragen.

Ist es erlaubt und ist es der Gesundheit förderlich, Eier zu essen? Meine Antwort ist: zwischen dem Ei, welches nicht lebt, auch wenn es den Keim des Lebens enthält, und dem lebendigen Thiere besteht der große Unterschied, daß ersteres in keiner Weise Empfäng= lichkeit für Freude und Schmerz kund thut, also nicht als diese Eigen= schaft besitzend betrachtet werden kann. Ich habe mich mehr als ein Jahrzehnt hindurch des Genusses der Eier enthalten. Allein ich achte es nicht für klug und nicht für richtig, sich zu weit von den herr= schenden Ansichten zu entfernen. Wer sich des Fleisches streng und gewissenhaft enthält, wird dadurch allein schon oft großen Anstoß geben und sich selbst oft Verlegenheiten bereiten. Geht er einen Schritt weiter und verzichtet auch auf den Genuß der Eier, so wird er Mühe haben, die Bedürfnisse seines Magens zu befriedigen. Die Aufrechthaltung eines gewissen geselligen Zusammenseins mit an= deren Menschen würde dadurch sehr erschwert. Es mag eine Zeit kommen, da die Vermeidung auch von Eiern sich empfehlen dürfte. Bei dem dermaligen Zustande der Volksbildung und der Küchen kann ich eine strenge Verdammung der Eier und Eierspeisen nicht gut heißen. Uebrigens mag in dieser Beziehung jeder mit sich selbst zu Rathe gehen, er mag zusehen, wie er's treiben kann.

In ähnlicher Weise verhält es sich mit der Frage des Kochens. Einige Freunde der natürlichen Lebensweise gehen in ihrem Eifer so weit, daß sie uns in einen Urzustand, von welchem Dichter und Phi= losophen schwärmen, die Geschichte aber nichts weiß, zurück führen möchten. Die Frage ist nicht, wie die Menschen vor fünf Jahr= tausenden unter ganz anderen Verhältnissen gelebt haben, oder ob sie die besten Muster für uns seien, vielmehr frägt es sich nur, in welcher Weise die jetzigen Menschen auf den Weg zu einer natür= lichen Lebensweise geführt werden können. Bei unsern Reformver= suchen müssen wir daher durchaus den gegenwärtigen Zustand unsers Körpers und unsers Geistes zu Grunde legen. Wir dürfen an uns selbst und unsre Mitmenschen keine Zumuthungen richten, welche unsre Kräfte übersteigen. Wir können es gänzlich dahin gestellt sein lassen, ob die Menschen vor fünf Jahrtausenden ihre Nahrungsmittel alle kalt und ohne Zuthun des Feuers genossen haben.

So viel steht meines Erachtens fest, daß viele unsrer unent= behrlichsten Nahrungsmittel, z. B. die Kartoffeln, ohne Sieden oder Braten gar nicht genossen werden können, andere, wie die Gemüse und verschiedene Getreidearten, erst mit Hülfe des Feuers unserm Gaumen, unsern Zähnen und unsern Verdauungswerkzeugen angepaßt werden, während wieder andere, wie z. B. die meisten Obstsorten, nur mit Hülfe des Feuers längere Zeit hindurch genießbar erhalten werden.

Allerdings ist es wahr, daß der Mensch sich nie in dem Grade verweichlichen sollte, unfähig zu werden, die frischen Gaben der Natur zu verdauen. Auch ist es unleugbar, daß die Organe der Verdauung leiden, falls ihnen heiße, oder wenn auch nicht heiße, so doch warme Speisen ausschließlich geboten werden. Es ist von Schlächtern dar= auf hingewiesen worden, daß zwischen den Gedärmen der mit warmer und der mit kalter Nahrung gemästeten Schweine ein wesentlicher Unterschied bestehe, indem die ersteren schwach und ohne alle Festig= keit, die letzteren dagegen fest und dauerhaft seien. Mit gutem Grunde nimmt man an, daß kalte und warme Speisen auch auf die Organe des Menschen ähnlich wirken, wie auf diejenigen der Vier= füßler. Daraus geht jedoch keineswegs hervor, daß wir uns aller warmen und gekochten Speisen enthalten, sondern nur, daß wir uns derselben nicht entwöhnen sollen. Wer z. B. Obst in seinem natür= lichen Zustande, kalte Milch, frisches Wasser reichlich genießt, kann gewiß ohne Schaden auch gekochte Kartoffeln, Gemüse und Mehl= speisen aller Art zu sich nehmen.

Unter den vegetabilischen Lebensmitteln nimmt das Brod, wenn nicht die erste, so doch eine der ersten Stellen ein. Es ist daher sehr zu bedauern, daß das Brod unsrer Tage ein sehr mangelhaftes genannt werden muß. Es leidet hauptsächlich an zwei Gebrechen. Das Mehl, welches dazu verwendet wird, enthält nicht alle Bestand= theile des Weizens, welche für die Gesundheit des Menschen unent= behrlich sind. Gewöhnlich wird zu dem Weizenbrode sog. gebeuteltes Mehl genommen, d. h. solches, bei welchem in der Mühle diejenigen Theile ausgeschieden werden, welche dem Mehle ein dunkles Aussehen geben. Der weißen Farbe und der Feinheit des Mehles werden die= jenigen Theile des Weizens zum Opfer gebracht, welche eine dunklere Farbe besitzen, obgleich sie zur Ernährung des Menschen unentbehrlich sind. Ein wahrhaft nahrhaftes Weizenbrod sollte daher aus unge= beuteltem Mehle gebacken werden, wie Sylvestre Graham in Nord= amerika nachgewiesen hat.

Ein zweiter Mangel unsres Brodes besteht darin, daß es durch Sauerteig künstlich aufgetrieben wird. Es wird das Brod durch diese Beimischung künstlich ungesund gemacht. Gesund ist nur ein ohne derartige Zusätze gebackenes Brod.

Ein fünfter Folgesatz unsers obersten Grundsatzes ist, daß der Mensch in gesunden Tagen keine Gifte in sich aufnehmen sollte. Diese mögen geeignet sein, in kranken Tagen als Heilmittel zu dienen. In gesunden Tagen, vollends gar regelmäßig und massenhaft genossen, müssen Gifte im höchsten Grade verderblich wirken.

Ein Gift ist aber der Tabak. Ein vernünftiger Mensch, welcher die Gesundheit des Körpers und des Geistes für das höchste Gut hält, sollte daher Tabak weder rauchen, noch schnupfen, noch kauen.

Eben dieses gilt vom Alkohol. Nur ist dabei zu bemerken, daß Getränke, welche, wie Aepfelmost, Bier und Wein, nur eine verhält= nißmäßig geringe Quantität von Alkohol enthalten, deßhalb nicht für unbedingt giftig ausgegeben werden können, obgleich dieselben, wenn sie gewohnheitsmäßig, oder in großen Massen verzehrt werden, nothwendig verderblich wirken müssen, während sie zur rechten Zeit und in kleinen Quantitäten genossen, Stärkung und Erfrischung gewähren.

In einem ganz andern Lichte, als Tabak und Alkohol, erscheint aber das von der Natur so reichlich dem Menschen gebotene Salz. Ich betrachte dasselbe für Menschen und Thiere als eine wesent= liche Würze ihrer Nahrungsmittel. Weit entfernt, es für schädlich zu halten, bin ich der Ansicht, daß der Mensch desselben durchaus bedarf, um einen festen Knochenbau sich zu erhalten. Graham und seine Anhänger sind zwar der Meinung, daß die Pflanzen schon so viel Salz, als zur Gesundheit erforderlich sei, enthalten. Dieses ist aber theils nicht so, namentlich nicht in Betreff des Obstes, theils wird dasselbe durch den Prozeß des Kochens verflüchtigt.

Als sechste Folgerung möchte ich daher aus unserm obersten Grundsatze die Behauptung ableiten, daß Salz einen höchst wichtigen Bestandtheil unserer Nahrung bilde und als Würze derselben unentbehrlich sei.

Aehnlich verhält es sich auch mit dem Zucker. Allerdings verstehe ich darunter nicht jenes Gemische von Zuckerstoff, Kalk und Knochenmehl, welches so oft für Zucker ausgegeben wird, oder mit anderen Worten jene Verfälschungen des reinen Zuckers, welche so viel im Gebrauche sind, sondern den Saft des Zuckerrohrs. Dieser in seiner unverfälschten Beschaffenheit ist ein sehr gesundes Nahrungsmittel, wie sich schon daraus ergibt, daß die denselben bereitenden Neger, welche den Zucker löffelweise genießen, ganz besonders gesunde und kräftige Menschen sind.

Unter den Nahrungsmitteln ist die Milch das einzige, welches alle dem menschlichen Organismus nothwendigen Bestandtheile enthält. Schon aus diesem Grunde kann über die Nahrhaftigkeit der Milch kein vernünftiger Zweifel obwalten. Die Milch ist die erste nicht blos dem Menschen, sondern überhaupt dem Säugethiere von der Natur bestimmte Nahrung, welche daher mehr als irgend eine andere dem thierischen Organismus zuträglich ist.

Allerdings ist es wahr und schon in der mosaischen Gesetzgebung angedeutet, daß Milch und Fleisch als Nahrungsmittel nicht gut zusammen passen. Daraus folgt aber nicht, daß die Milch, sondern nur daß das Fleisch kein gesundes Nahrungsmittel ist.

Diejenigen, welche sich der Fleischkost enthalten, können sich daher der Milch zu ihrer Nahrung wohl bedienen, während es wahr sein mag, daß die Fleischesser an Verschleimung leiden, falls sie Milch genießen.

Der achte Folgesatz aus dem oben angeführten Grundsatze ist daher: die Milch ist ein ganz besonders gesundes Nahrungsmittel für den Menschen.

Einige Schwärmer sind zwar der Ansicht, der Mensch dürfe dem jungen Kalbe oder Zicklein die diesem von der Natur bestimmte Nahrung nicht entziehen. Allein dieses scheint mir eine ganz übertriebene Sentimentalität, und zwar eine solche, welche, falls sie Beachtung fände, zum Verderben der betreffenden Thiere ausschlagen müßte. Denn wenn wir von Kühen und Ziegen keine Milch genießen dürften, so würde schwerlich ein Pflanzenesser Neigung haben, dieselben zu füttern. Es ist doch wohl ein Unterschied zwischen dem Leben und der Milch. Extravaganzen der bezeichneten Art führen niemals zum Heile. Wer zu große Anforderungen an den Menschen stellt, erreicht gar nichts. Ist die Menschheit einmal auf den Standpunkt emporgehoben, daß sie sich der Fleischkost enthält, dann möge sie weitern Reformen entgegen gehen. Im gegenwärtigen Augenblicke ist der Schritt von der Fleischkost zur ausschließlichen Pflanzenkost fürwahr schon groß genug.

Außer der Einfachheit und der Mäßigkeit, deren wir schon oben erwähnten, ist die Reinlichkeit eine der wichtigsten Voraussetzungen der natürlichen Lebensweise. Sie ist nicht minder nothwendig für die inneren, als für die äußeren Theile des menschlichen Körpers. Das einzige sichere Mittel, die Zwecke der Reinlichkeit zu erreichen, ist das Wasser, äußerlich und innerlich angewandt: äußerlich durch Waschen, Baden, Begießen, innerlich durch Trinken. Natürlich können mit dem Wasser, wie mit jeglichem andern Stoffe Uebertreibungen vorgenommen werden. Aeußerlich soll der Mensch nicht mehr Wasser gebrauchen, als er vermittelst seiner Körperwärme absorbiren kann, innerlich nicht mehr, als er zu verdauen im Stande ist. Innerhalb dieser Schranken ist neuntens Jedermann ein möglichst starker Verbrauch von Wasser anzurathen. Schon aus dem Grunde, um einen solchen möglich zu machen, sind Salz und Zucker höchst wohlthätige Nahrungsstoffe.

Man mag darüber streiten, ob die Luft zu den Nahrungsmitteln im eigentlichen Sinne des Wortes zu rechnen sei. Ohne uns auf diese Meinungsverschiedenheit, welche ihren Ursprung in der Begriffsbestimmung der Nahrung hat, einzulassen, bemerken wir hier, daß der Mensch ohne gesunde Luft nicht zu leben vermag und daß jeder Athemzug, welcher ihm statt frischer reiner Luft schwüle oder gar verpestete Luft zuführt, sein Blut verschlechtert, statt es zu reinigen. Wer daher seine Gesundheit pflegen will, hüte sich vor schlechter Luft nicht minder, als vor Giften. Eine zehnte Folgerung aus unserm aufgestellten obersten Grundsatze ist daher die Mahnung: athmet stets nur reine, frische Luft.

Kurz gefaßt lauten die 10 Regeln der Pflanzenesser, wie folgt:

1) Meidet die Fleischkost, ihr sollet euer Leben nicht gründen auf den Tod eurer Mitgeschöpfe!

2) Seid einfach, d. h. genießet nicht zu vielerlei.

3) Seid mäßig, d. h. genießet auch von demselben Stoffe nicht zu viel!

4) Nähret euch von den Pflanzen der Erde, insbesondere von Getreide und den Früchten der Bäume!

5) Meidet alle Gifte, besonders Tabak und Alkohol.

6) Doch wird euch der Genuß von Salz,

7) Zucker und

8) Milch wohlthun.

9) Gebrauchet viel Wasser innerlich und äußerlich.

10) Athmet stets nur reine, frische Luft!

§. 3. Der Unterschied zwischen Fleisch- und Pflanzenkost.

Eine vieltausendjährige Erfahrung beweist, daß der Mensch sowohl bei Fleisch- als Pflanzenkost bestehen kann, die Frage ist nur, bei welcher Nahrung er besser gedeiht? Beiderlei Nahrungsmittel enthalten, chemisch genommen, die dem menschlichen Organismus nothwendigen Stoffe. Es frägt sich nur, ob es besser sei, sie in einer Form zu genießen, welche die Tödtung von Thieren voraussetzt, oder in einer solchen, welche dieses nicht nöthig macht? Nur die in den Pflanzen schon enthaltenen Stoffe bieten dem Menschen Nahrung. Es frägt sich aber, ob wir dieselben genießen sollen so wie das Pflanzenreich sie uns bietet, oder nachdem sie den Gang durch den Schlund und den Magen eines Thieres gemacht?

Der Mensch, welcher gedankenlos in den Tag hineinlebt, frägt nicht darnach, woher die Speise kommt, welche ihm aufgetragen wird, wenn sie ihm nur gut schmeckt. Der Mensch ohne sittliches Gefühl bekümmert sich nicht darum, ob die Speise, welche ihm gut schmeckt, die Tödtung eines lebenden Wesens voraussetzt, oder nicht.

Einen ganz anderen Standpunkt nimmt aber der benkende und der sittliche Mensch ein. Der benkende Mensch hält es der Mühe werth, zu prüfen, was er thut und namentlich die Frage zu unter= suchen, ob die Nahrung, welche er zu sich nimmt, eine erlaubte und eine gesunde sei? Der sittliche Mensch unterscheidet eine Handlung, welche keinem für Schmerz und Freude empfänglichen Wesen Qual und Tod bereitet, von einer solchen, welche beides in ihrem Gefolge hat. Er wird eine Nahrungsweise vermeiden, welche auf Eisen und Blut beruht und eine solche vorziehen, welche keine Tödtung noth= wendig macht. Der benkende Mensch wird übrigens nicht blos für Chemie, sondern auch für andere Wissenszweige Sinn und Ver= ständniß haben, und sich daher nicht damit begnügen zu wissen, daß chemisch genommen, er dieselben Grundbestandtheile, deren er zu seiner Ernährung bedarf, in der Pflanzenkost sowohl, als in der Fleischkost finden kann. Er wird weiter forschen: in welcher dieser beiden Formen findet sich die Nahrung am reinsten, am unverfälschtesten? In welcher Form ist die Nahrung dem Menschen am zuträglichsten, am gedeihlichsten für Körper und Geist?

Die Pflanzenkost kommt darin mit der Fleischkost überein, daß sie gleich dieser, Fett, Eiweiß, Faserstoff und Käsestoff enthält. Der Unterschied besteht aber darin, daß diese so zu sagen Elementarstoffe der Nahrung in andern Verbindungen da und bort sich finden, und daß die sittlichen Bedingungen beider Arten der Nahrung nicht die= selben sind.

Indem die dem Pflanzenreiche angehörigen Nahrungsstoffe den Kreislauf durch den Schlund, den Magen und die Gedärme der Thiere nehmen, wird ihre Fähigkeit zu ernähren nur insoferne viel= leicht verbessert, als sie sich in Milch, den von der Natur vor allen andern Gegenständen zur Nahrung von Menschen und Thieren be= stimmten Stoff, verwandeln. Insofern sie dagegen zu Muskeln und Knochen, zu Lunge, Leber, Herz u. s. w. werden, assimiliren sie sich allerdings dem menschlichen Organismus, sie treten aber zugleich oft in Verbindung mit allen erdenklichen Krankheiten: mit Rinderpest,

Trichinen, Lungenfäule u. f. w. und werden dadurch geradezu ver=
giftet. Allein auch abgesehen von jeglichen Krankheiten ergibt sich
schon aus der Thatsache, daß das Fleisch der Fleischfresser ungenieß=
bar ist, eine Verschlechterung der Pflanzenstoffe, welche in Folge eines
doppelten Kreislaufes durch Schlund und Magen stattfindet. Der
einfache Kreislauf ist allerdings nicht von gleich verderblichem Er=
folge, allein eine Verschlechterung des Nahrungsstoffes ist nichts desto
weniger gleichfalls nachweisbar. Uebrigens ist die in unsern Tagen
übliche Ernährungsweise des Schlachtviehes nichts anderes, als ein
künstlich eingeleiteter Krankheitsproceß. Was man Mästung nennt,
ist eine Ernährungsweise, welche eine Fett bildende Krankheit in
ihrem Gefolge hat. Wie kann dieses auch anders sein? Das sog.
Mastvieh wird mit den Abfällen der Bierbrauereien und Brannt=
weinbrennereien ernährt. Wenn nun das Bier und der Branntwein,
als alkoholhaltige Stoffe ungesund sind, so müssen es die Abfälle
derselben nothwendigerweise noch mehr sein.

In demselben Maße als die Thiere eine weniger ungesunde
Nahrung genießen, ist ihr Fleisch weniger ungesund, allein so gesund
als diejenige Nahrung, welche das Pflanzenreich uns aus frischer
Hand darreicht, ist es doch nimmermehr.

Es ist ein allgemeiner Grundsatz der Naturwissenschaft, wenn
aus der Vereinigung zweier Faktoren ein dritter gebildet werden soll,
ist die Assimilation um so leichter, je näher sie sich gegenseitig ver=
wandt sind, allein um so weniger frisch und kräftig wird das Produkt.
Umgekehrt wird dieses um so frischer, je ferner sich die beiden pro=
ducirenden Faktoren stehen, vorausgesetzt, daß sie nicht so weit von
einander entfernt sind, um eine Assimilation auszuschließen. Daher
kommt es, daß Heirathen innerhalb derselben Familien ein ver=
kommenes Geschlecht zur Folge haben, während umgekehrt die Kreuz=
ungen verschiedener Racen bei Menschen und Thieren die beste Nach=
kommenschaft herbeiführen.

Derselbe Grundsatz ist auch auf die Ernährung der Menschen
anwendbar. Allerdings steht das Getreide und das Obst unserem
Organismus ferner, als das Gehirn, die Lungen, das Herz und die
Leber, und auch die Muskeln des Ochsen oder des Rindes, aber ge=
rade deßhalb wird der daraus gebildete Nahrungssaft (Chylus)

nicht so frisch, als derjenige, welcher sich aus Getreibe und Obst entwickelt.

Die Aerzte kennen im Allgemeinen diese Thatsachen wohl. Sobald sie Kranke haben, bei welchen jede Entzündung sorgfältig verhütet werden muß, verbieten sie Fleischspeisen und Alkohol enthaltende
Getränke. Allein bevor jemand krank ist, wird diese Vorsicht nicht
gebraucht. Wäre es nicht besser, die Krankheit dadurch zu vermeiden,
daß sich der Gesunde der ungesunden Fleischnahrung enthielte?

Es ist eine durch die Statistik festgestellte Thatsache, daß die
Städte eine weit größere Sterblichkeit haben, als das Land. Die
meisten Städte würden allmählig aussterben, wenn sie nicht unausgesetzt durch die Landbewohner Zuschuß erhielten. Auf dem Lande
ißt man aber sehr wenig Fleisch, um so mehr in den Städten. Hierzu
kommt freilich noch, daß der Städter selten sich einer so gesunden
frischen Luft erfreut, als der Landbewohner.

Unsere Aerzte sind gewöhnlich so blind, daß ihnen erst mit dem
Dreschflegel gewinkt sein muß, bevor sie etwas merken, entweder mit
dem Dreschflegel der Krankheit oder mit demjenigen völliger Un-
genießbarkeit, wie in Betreff des Fleisches der fleischfressenden Thiere.

Das sittliche Moment aber, welches bei jedem sittlichen Menschen
die höchste Bedeutung haben sollte, wird bei den heuchelnden Pietisten
oder bei den materialistischen Lebemenschen unserer Tage so gut
wie gar nicht beachtet.

Allein man mag die Fleischkost für sittlich halten oder nicht, ihre
Wirkungen bleiben nicht aus.*) Wir sehen in der Natur den bestimmt ausgesprochenen Gegensatz zwischen den fleischfressenden und
pflanzenessenden Thieren. Zu den ersteren zählen die Tiger, die Leoparden, die Löwen und die Hyänen. Pflanzenfresser sind: die Elephanten, die Pferde, die Kamele und die Ochsen u. s. w. Die Fleischfressenden Thiere sind wilde Bestien ohne Intelligenz und ruhige
Arbeitskraft, welche nur die Kraft der Zerstörung besitzen, die ihnen
der Hunger eingiebt. Haben sie ihre Beute erlegt und verzehrt, dann
ziehen sie sich träge und mürrisch in ihre Höhlen zurück, bis der Hunger

---

*) Die nachfolgende Ausführung ist der von Frau Katharina Struve
oben (§. 1) angeführte Vortrag, den ich hier einschalte.

sie wieder auftreibt. Wie ganz anders ist die Lebensweise der Pflanzenesser! Sie allein besitzen Arbeitskraft, welche dem Menschen hilft, aus der wüsten Erde ein Paradies zu schaffen.

Was ist der Elephant für ein intelligentes Thier! Als einst in Ostindien der Herr eines Elephanten, welcher sonst immer bei dessen Fütterung zugegen gewesen war, verreiste, unterschlug der treulose Diener die Hälfte der dem Thiere bestimmten Nahrung. Bei der Rückkehr des Herrn war der Elephant sehr mager geworden. Der Herr fand sich bei der Fütterung wieder ein. Da theilte der Elephant das ihm vorgeworfene Futter in zwei gleiche Theile und deutete mit dem Rüssel auf die eine Hälfte. Der Herr merkte die Absicht seines Lieblingsthieres und entließ auf dessen Anklage den betrügerischen Diener.

Eine ähnliche Intelligenz und wahrhaften Heldenmuth besitzt das Pferd, wo es noch nicht zum elenden Karrengaul herabgewürdigt ist. In Arabien wohnt es mit der Familie seines Herrn unter einem Zelte und gilt für das schätzbarste Besitzthum. Tausendmal rettet dort das schnelle Roß, nicht selten durch Aufbietung seiner letzten Kraft den Herrn, der von Gefahren umringt ist.

Wie nützlich und harmlos ist das Kamel, das Schiff der Wüste, ohne welches die Einöden Afrikas unbereisbar wären, und der Ochse, welcher so treu seinem Herrn den Pflug zieht!

Wer könnte einen Tiger dem Elephanten oder eine Hyäne dem Pferde vorziehen, ohne selbst den Leidenschaften verfallen zu sein, welche dem reißenden Thiere eigenthümlich sind?

In der Mitte zwischen beiden Arten von Thieren sind diejenigen, welche wie die Hunde, sich theils von Pflanzenkost und theils von Fleisch ernähren.

Unter dem Einflusse der Fleischkost wird der Metzgerhund zum bißigen, oft gefährlichen Thiere, welches seine Freude daran hat, ein armes, dem Tode geweihtes Thier auf dem Wege zur Schlachtbank zu quälen und zu martern; während der mit Pflanzenkost genährte Haushund ein ungefährliches, treues Geschöpf ist. Die bloße Thatsache, daß der Mensch niemals fleischfressende, sondern nur pflanzenessende Thiere verzehrt, weil das Fleisch der ersteren durchaus ungenießbar ist, beweist, wie verderblich die Fleischnahrung auf den

Körper wirkt. Nur durch List und Gewaltthat kann das fleisch=
fressende Thier sich seiner Beute bemächtigen und die dieser Hand=
lungsweise zu Grund liegenden Triebe der Zerstörung und der Ver=
heimlichung erhalten dadurch neue Nahrung.

In unsern Tagen wird es allgemein zugegeben, daß die Nahrung
einen wesentlichen Einfluß übt auf die Beschaffenheit des Körpers
und folgeweise auch des Gehirnes, des unmittelbaren Organes des
Geistes. Dieses gilt ebensowohl vom Menschen, als vom Thier.
Die Fleischnahrung wirkt anders auf Körper und Geist, als die
Pflanzennahrung. Die Erfahrungen der Vegetarianer lassen darüber
keinen Zweifel, daß die Fleischkost den Zerstörungs= und Verheim=
lichungstrieb des Menschen wie des Thieres und eine Frühreife
fördert, die hauptsächlich für die Jugend sehr schädlich ist.

Die vielen Giftmorde, welche in unserer Zeit zu München, Genf
und Marseille stattfinden, lassen sich alle auf die unnatürliche Lebens=
weise der Mörderinnen zurückführen. Sie alle lebten, wie man sich
auszudrücken pflegt, gut, d. h. sie aßen viel Fleisch und tranken viel
Wein, wovon die Folge war, daß ihre niedern Leidenschaften ge=
waltsam aufgeregt wurden. Es bedurfte dann nur eines geringen
Anstoßes von Außen, um sie zu Verbrecherinnen zu machen.

Die berüchtigtste aller Giftmischerinnen neuerer Zeit war die
Gottfried aus Bremen. Sie tödtete Mutter, Kinder, Vater, Bruder,
Verlobten, Freunde und Verwandte mit vollendeter Heuchelei. An
ihrem Kopfe zeigten sich die oben erwähnten Triebe der Zerstörung
und der Verheimlichung ganz besonders groß, während diejenigen
Organe, welche den Menschen über das Thier erheben, namentlich
Wohlwollen und Gewissenhaftigkeit sowie das Denkvermögen sehr
schwach entwickelt waren.

Aehnliche Wahrnehmungen sind bei vielen andern Verbrechern
und Verbrecherinnen gemacht worden. Sie alle deuten darauf, daß
der starke Gebrauch von Fleischspeisen und Alkohol enthaltender Ge=
tränke dazu dient, die schlummernden Leidenschaften zu wecken, welche
dann oft zu Verbrechen führen.

§. 4. Welcher Unterschied besteht zwischen Menschen- und Thierfleisch?

Allgemein ist der Abscheu vor Menschenfleisch und Menschen-fressern und doch ist der Unterschied zwischen Menschenfleisch und Thierfleisch und folgeweise der Unterschied zwischen Menschenfleisch-essern und Thierfleischessern nur sehr gering. Wie oft ist es vorge-kommen, daß man Thierfleisch zu essen wähnte und Menschenfleisch aß! Ich erinnere z. B. an jenen Pariser Pastetenbäcker, welcher viele Jahre lang Pasteten verkaufte, welche aus Menschenfleisch be-reitet waren, während die Verspeiser derselben glaubten, sie bestän-den aus Thierfleisch. Das Gehirn, die Lunge, die Leber, die Mus-keln, selbst die Knochen eines Rindes sind denjenigen des Menschen so ähnlich, daß gekocht sie durch den Geschmack von einander gar nicht unterschieden werden können. In Bern kam es vor, daß ein Professor den Henker ersuchte, ihm die Lunge eines hingerichteten Verbrechers zum Zwecke einer wissenschaftlichen Untersuchung zu brin-gen. Der Henker brachte die Lunge in Abwesenheit des Professors. Die Köchin nahm sie in Empfang, hielt den Henker für den Metz-ger, die Menschenlunge für eine Ochsenlunge und bereitete sie zu. Nachdem der Herr Professor die Lunge verspeist hatte, fragte er die Magd, ob der Henker nicht etwas gebracht habe. Die Magd ver-neinte die Frage. Der Professor wurde dringender. Die Köchin erwiederte, es sei nichts gebracht worden, als die Lunge, welche sie gekocht habe. Am Ende stellte es sich heraus, daß die verzehrte Lunge eine menschliche Lunge gewesen.

Wie oft mag sich derselbe Fall zugetragen haben, ohne daß der wirkliche Sachverhalt zu Tage kam!

Wenn wir das Thierfleisch mit dem Menschenfleisch vergleichen, so steht jenes diesem viel näher, als der Pflanzenkost. Zwischen einem Apfel, einer Kornähre, einem Krautkopfe einerseits und einem Stück Rindfleisch, ist eine Verwechslung nicht möglich. Zwischen einer Rindsleber, einem Rindsgehirn oder einer Rindslunge dagegen und einer Menschenleber, einem Menschengehirn oder einer Menschen-lunge, ist im gekochten Zustande kaum ein Unterschied wahrzu-nehmen.

Laſſen wir den moraliſchen Geſichtspunkt ganz außer Acht, ſo verſchwindet der Unterſchied zwiſchen Menſchen = und Thierfleiſch faſt gänzlich. Der moraliſche Geſichtspunkt deutet aber freilich an, daß der Menſch dem Menſchen näher ſtehe, als das Thier, das Tödten und Aufzehren eines Menſchen daher viel abſcheulicher ſei, als das Tödten und Verzehren eines Thieres. Allein der Unterſchied beſteht nur darin, daß der Menſch dem Menſchen näher ſteht, als das Thier. Es bleibt unwiderleglich feſt ſtehen, daß Menſchen und Thiere, zumal diejenigen, welche gewöhnlich geſchlachtet werden, d. h. die Säugethiere dieſelben Organe beſitzen: Gehirn, Lunge, Herz, Leber, Milz, Kopf, Augen, Ohren ꝛc., daß Thier wie Menſch Empfäng= lichkeit beſitzt für Freude und Schmerz, Liebe zum Leben und Wider= willen gegen den Tod.

Wenn man den Fleiſcheſſern den Vorwurf macht, daß ſie Fleiſch von Thieren genößen, die ſie doch ſelbſt nicht tödten würden, ſo pflegen ſie zu erwiedern: „wir denken nicht daran.‟ Wenn ſie aber ſo gedankenlos ſind, ſo kann es wohl vorkommen, daß ſie, ohne es zu wiſſen, zu Menſchenfreſſern werden, da nur der Gedanke, nicht der Geſchmack einen Unterſchied zwiſchen Menſchen= und Thierfleiſch zu machen im Stande iſt.

Gedankenloſigkeit iſt alſo für die Fleiſcheſſer eine Entſchuldi= gung, wenn es ſich handelt um das Eſſen von Thierfleiſch. Gedan= kenloſigkeit hat ſie aber oft auch zu Menſchenfreſſern gemacht. Für= wahr! eine Entſchuldigung, welche zu ſolchen Thaten führt, iſt ſehr wenig maßgebend!

Ich für meine Perſon ziehe es vor, ſo zu leben, daß nicht ein Verſehen der Köchin oder ein Verbrechen des Garkochs mich zu einem, wenn auch unwilligen Menſchenfreſſer machen kann.

Der Thierfleiſcheſſer ſteht augenſcheinlich dem Menſchenfreſſer weit näher, als dem Pflanzeneſſer, wie das Thierfleiſch dem Men= ſchenfleiſch näher ſteht, als der Pflanzenkoſt. Es gilt dieſes nicht blos inſofern es ſich handelt um Geſchmack und Geſundheit, ſondern auch inſofern die moraliſche Seite der Ernährung in Frage ge= ſtellt wird.

Es iſt gewiß nicht gut, am Rande des Menſchenfreſſers zu wandeln, ſo daß irgend ein Fehltritt uns in die Categorie der Men=

schenfresser hinabsinken macht! Je weiter wir von diesem Raude entfernt bleiben, besto geringer ist die Gefahr, zum Menschenfresser zu werden. Je näher wir an jenem Raude gehen, desto mehr steigt diese Gefahr. Was wird nicht alles in die Würste hineingehackt! In einer als besonders fein gepriesenen Wurst wurde einst der Finger eines kleinen Kindes gefunden. Wie viel Fleisch von dem Kinde dabei war, konnte nicht mehr ermittelt werden.

Es ist allgemein bekannt, daß den Fleischessern oft Katzen für Hasen, Raben für Tauben u. s. w. aufgetischt werden. Wie oft sie aber Menschenfleisch für Thierfleisch zu essen bekommen, ist nicht so leicht zu ermitteln, weil dieser Betrug doch noch sorgfältiger versteckt wird, als der andere. Es genügt der Beweis, daß derselbe bisweilen wirklich vorgekommen ist, um den Schluß zu rechtfertigen, daß er noch weit öfter vorkam, ohne entdeckt worden zu sein.

§. 5. Hat die Natur den Menschen zum Fleischesser gebildet?

Wissenschaftlich steht es fest, daß der Mensch, was Bildung der Zähne, der Kinnlade, der Arme, der Eingeweide und alle sonstigen Theile des Körpers betrifft, von allen Thieren mit den großen Affen, namentlich den Orang-Utangs die meiste Aehnlichkeit hat. Diese Affen sind aber keine Fleischfresser, sie leben vielmehr wesentlich von Früchten, d. h. sie sind Frugivoren.

Wer behauptet, der Mensch sei durch die Beschaffenheit seiner Zähne von der Natur zu einer gemischten, d. h. theils zur Fleisch- und theils zur Pflanzenkost bestimmt, steht um ein Jahrhundert hinter der Wissenschaft unserer Tage zurück, d. h. er steht auf dem längst überwundenen Standpunkte Büsson's, statt auf demjenigen Cuvier's und des Physiologen des 19. Jahrhunderts.

Die Natur hat dem Menschen nicht die Beine gegeben, welche ihn in den Stand setzen, lebende Thiere einzuholen, nicht die Klauen sie festzuhalten, nicht die Kinnladen, sie zu zerreißen, nicht die Zähne, sie zu zermalmen und nicht die Verdauungswerkzeuge, sie in gesundes Blut zu verwandeln.

Will der Mensch Fleisch essen, muß er entweder zahmes Vieh künstlich heranziehen, es mit Werkzeugen künstlich tödten, künstlich zerlegen, künstlich kochen und zerschneiden, oder er muß auf die Jagd oder den Fischfang gehen um mit der Flinte, dem Netze oder der Angel seine Beute zu gewinnen, während der Früchteesser die Frucht vom Baum mit der Hand bricht und ohne alle Kunst verzehrt und verdaut.

Die Berufung auf die Zähne und die Eingeweide dürfte daher nicht zum Ziele führen. Sobald die Fleischesser dieses erkannt haben, schlagen sie um und berufen sich, um ihren Zweck zu erreichen, auf den Verstand der Menschen, welcher sie lehre, daß eine gemischte Kost, d. h. Pflanzenkost und Fleischkost ihm am zuträglichsten sei.

Allein in der Natur besteht eine vollkommene Harmonie. Das Gehirn des Löwen paßt vollkommen zu dessen Rachen, Zähnen und Klauen, wie umgekehrt das Gehirn des Affen in Uebereinstimmung mit dessen Zähnen, Armen und Verdauungswerkzeugen steht.

Sollte es bei dem Menschen anders sein? sollte der Mensch, was seinen Mund, seine Zähne, seine Arme und seine Verdauungs= werkzeuge betrifft, von der Natur zum Früchteesser, was aber seinen Verstand und dessen Organ, das Gehirn betrifft, wenigstens theil= weise zum Fleischesser bestimmt worden sein? Eine solche Inconse= quenz findet sich in der Natur nicht vor. Wenn die sozusagen äuße= ren Organe des Menschen ihn als Früchteesser erscheinen lassen, können die inneren Organe und namentlich das Gehirn unmöglich einen entgegengesetzten Charakter haben.

Allerdings ißt der Pflanzenesser nicht alle Pflanzen roh. Er kocht das Kraut und alle Gemüse, er mahlt das Getreide, dörrt das Obst oder bereitet daraus mit Hilfe des Feuers mancherfaltige Spei= sen. Ob dieses aber vor Jahrtausenden, als der Mensch dem soge= nannten Urzustande noch näher stand, auch so war, ist eine andere Frage. Die Entscheidung in Betreff der jetzigen Zustände der Mensch= heit wird immerhin von der Frage abhängen: bei welcher Lebens= weise, der Pflanzenkost, oder der Fleischkost gedeiht der Mensch kör= perlich und geistig am besten?

In Betreff dieser Frage treffen die Erfahrungen der Pflanzen= esser unserer Tage vollständig überein. Alle diejenigen, welche die

Fleischkost aufgegeben und die ausschließliche Pflanzenkost angenom=
men, haben, wenn sie leidend waren, zum Theil schon nach wenigen
Wochen die trefflichen Folgen ihres Systemwechsels empfunden. Der
Andrang des Bluts nach dem Kopfe, Verdauungsbeschwerden, Hämer=
rhoiden, sogar Gicht und Lungenbeschwerden wurden blos durch die
Enthaltung von allen Fleischspeisen, vollständig geheilt. Allein es
kam auch vor, daß junge Leute von kräftigster Gesundheit die Fleisch=
kost aufgaben. Sie hatten niemals viel Fleisch genossen und die
üblen Einflüsse der Fleischkost durch starke körperliche Bewegung und
einen häufigen Aufenthalt in der frischen Luft beseitigt. An ihnen
konnten die schlimmen Folgen der Fleischkost noch nicht nachgewiesen
werden. Allein auch sie empfanden insofern die günstigen Folgen
der reinen Pflanzenkost, als ihre Kräfte zunahmen, ihr Geist freier
wurde und eine erhöhte Arbeitskraft sie belohnte.

Ganz dieselben Erfahrungen, welche tausende von Pflanzenessern
der neuesten Zeit in England, Nordamerika, Deutschland und Frank=
reich bezeugen können, machten die Pflanzenesser früherer Jahrtausende
in Indien, Judäa, Griechenland und Italien. Besonders bedeutungs=
voll sind in dieser Beziehung die Nachrichten, welche uns von Py=
thagoras und den Pythagoräern in mehreren Schriften des Alter=
thums, namentlich in Ovid's Metamorphosen, in Plutarch und Por=
phyrius aufbehalten worden sind.

Beispielsweise erinnere ich an Lodovico Cornaro, welcher mit
40 Jahren von den Aerzten aufgegeben, sich entschloß, der Fleischkost
und allen alkoholischen Getränken zu entsagen, und in Folge seiner
veränderten Lebensweise nicht blos genas, sondern auch das Alter
von 100 Jahren (1467—1566 oder 1569) erreichte.

Wer von der Voraussetzung ausgeht, daß die Natur den Men=
schen dazu bestimmt habe, ein sittliches und denkendes Wesen zu sein,
wird zugeben müssen, daß sie ihn nicht dazu bestimmt haben könne,
sich von dem Fleische seiner Mitgeschöpfe zu ernähren. Je weiter
der sittliche Gesichtskreis eines Menschen reicht, desto größer wird
die Zahl der Geschöpfe sein, die er umfaßt. Ein sittlicher Mensch
wird unterscheiden zwischen dem Apfel, der Kornähre oder dem Kraut=
kopfe einerseits und dem Ochsen, dem Lamme oder der Ziege ander=
seits. Er wird sich sagen, daß er ohne Schmerzen und Tod zu

geben, Pflanzenkost genießen könne, während die Fleischkost die Tödtung meistentheils harmloser, nützlicher Thiere voraussetzt.

Der denkende Mensch wird eine so wichtige Frage, wie diejenige der Ernährung ist, nicht durch die Berufung auf die herrschende Gewohnheit umgehen, und wenn er sie in's Auge faßt, wird er gewiß zu der Ueberzeugung gelangen, daß er von der Natur nicht zum Fleischesser, sondern zum Pflanzenesser bestimmt sei und daß der Mensch auf einem Abwege sei, wenn er, im Widerspruche mit seiner gesammten körperlichen Organisation, zum Schaden seiner Gesundheit und mit Verletzung aller feineren Gefühle sein Leben auf die Tödtung für Schmerz und Freude empfänglicher Mitgeschöpfe gründe.

§. 6. Ist es wahr, daß die Pflanzenkost entnervt und schwächt?

Aus den Erörterungen des vorigen Paragraphen erhellt schon auf den ersten Blick, daß diejenige Nahrung, welche die Natur dem Menschen bestimmt hat, diesen unmöglich entnerven und schwächen könne. Eine naturgemäße Nahrung ist diejenige, welche die gesammte Organisation des Menschen und folgeweise auch sein Nervensystem stärken und erfrischen müsse. Entnervend und schwächend kann nur eine naturwidrige Ernährungsweise wirken.

Sehen wir uns vorurtheilsfrei im wirklichen Leben um, so finden wir diese Anschauungsweise auch aller Orten bestätigt. Nervenschwäche und Krankheiten aller Art finden wir keineswegs bei denjenigen Nationen, Ständen und Individuen, welche ausschließlich, oder doch hauptsächlich von Pflanzenkost leben, sondern im Gegentheil bei denjenigen Nationen, Ständen und Individuen, welche besonders viel Fleisch essen. Nicht die ländliche Bevölkerung, nicht die armen Tagelöhner, sondern die Städter und reichen Herren und Damen der vornehmen Welt leiden an Nervenschwäche, Podagra, Gicht und allen jenen Krankheiten, welche den Aerzten so viele und gute Kunden zuführen, und die sich stets mehrenden Badeanstalten Europas und Amerikas füllen. Die reichen und vornehmen Leute sind es aber, von denen man sagt, daß sie gut leben. Gut leben bedeutet in unsern Tagen viel Fleisch essen, Wein trinken, Tabak rauchen, oder mit andern Worten gerade das Gegentheil von dem thun, was wir Pflanzenesser als die richtige Lebensweise bezeichnen.

Die Zahl derjenigen, welche sich seit Jahren der Fleischkost enthalten, ist groß genug, um Stoff zu den bedeutungsvollsten Betrachtungen zu bieten. Auch nicht ein einziger dieser vielen Tausende hat in Folge der Verzichtleistung auf die Fleischkost an seiner Gesundheit, seinen Nerven oder seiner Körperkraft gelitten. Tausende sind aber dadurch von Leiden befreit worden, welche den Arzneien der fleischessenden Aerzte nicht gewichen waren. Tausende sind durch die Annahme der vegetabilischen Lebensweise zu einer unter den Fleischessern selten oder nie vorkommenden Fülle der Gesundheit und der Arbeitskraft gelangt.

Der deutsche Verein der Freunde der natürlichen Lebensweise zählt bereits 288 Mitglieder, von welchen jedes ein lebendiges Beispiel der Trefflichkeit der Pflanzenkost und der Unwahrheit der Behauptung ist, daß diese entnerve und schwäche. In England und Nordamerika ist die Zahl der grundsätzlichen Pflanzenesser noch weit größer, als in Deutschland, und auch dort findet sich die Thatsache bewährt, daß die Pflanzenkost, weit entfernt zu entnerven und zu schwächen, im Gegentheil der körperlichen wie der geistigen Gesundheit im höchsten Grade zuträglich ist.

In mehr als einer Beziehung gelten die Grundsätze, welche für den Menschen wahr sind, auch in Betreff der Thiere.

Der Mensch ist ein Säugethier, und in so fern sind diejenigen Sätze, welche ihre Anwendung auf Säugethiere finden, auch für ihn nicht ohne Bedeutung. Sehen wir uns unter den pflanzenessenden Säugethieren um, so finden wir keineswegs, daß dieselben, z. B. die Elephanten, die Rhinozerosse, die Kameele, die Büffel, die Pferde u. s. w. schwächere Nerven hätten, als die fleischfressenden Säugethiere, z. B. die Tiger, die Hyänen, die Löwen und die Leoparden. Die Pflanzenfresser sind ruhiger, weniger wild und weniger grausam, als die Fleischfresser. Wildheit und Grausamkeit wird aber doch wohl nicht als der Beweis eines gesunden und kräftigen Nervensystems zu bezeichnen sein. Wildheit und Grausamkeit erscheint mir vielmehr als die Folge eines zerrütteten, oder wenigstens gestörten Nervensystems. Wir mögen uns daher umsehen, wo wir wollen, wenn unser Blick vorurtheilsfrei ist, finden wir weder unter Menschen, noch unter Thieren, daß die Pflanzenkost Entnervung und Schwäche in ihrem Gefolge habe, sondern im Gegentheil, daß sie für den Menschen die naturgemäße, die Fleischkost dagegen die naturwidrige Ernährungs= weise ist, welche Krankheit und Siechthum, oder wenigstens Kurz= lebigkeit in ihrem Gefolge hat.

§. 7. Ist der Pflanzenesser weniger, als der Fleischesser im Stande Strapazen auszuhalten?

Diese Frage ist eigentlich schon durch die beiden vorhergehenden Paragraphen beantwortet, indem die naturgemäße Lebensweise noth= wendig auch die Kraft zum Aushalten von Strapazen verleihen, eine naturwidrige dagegen sie nothwendig untergraben muß. Nichtsdesto= weniger wollen wir dieselbe etwas näher in's Auge fassen, da das Aushalten von Strapazen gewissermaßen nur die eine, nämlich die passive Seite der Kraft begreift. Gerade in dieser Beziehung zeigt sich aber die Ueberlegenheit des Pflanzenessers gegenüber dem Fleisch= esser am schlagendsten.

Fangen wir bei den Thieren an, und gehen wir dann zu den Menschen über!

Nicht die Löwen, Tiger und Hyänen, sondern die Elephanten, Kameele, Ochsen und Pferde sind es, welche die größten Strapazen auszuhalten im Stande sind. Der Elephant trägt auf seinem Rücken unermeßliche Lasten, das Kameel leidet geduldig Hunger und Durst, die Ochsen ziehen den Pflug und den Wagen und die Pferde tragen und ziehen den Menschen. Wollte man ähnliche Arbeiten und Ent= behrungen den fleischfressenden Thieren zumuthen, sie würden nach wüthendem Widerstreben schon bald zu Grunde gehen.

Ganz denselben Gegensatz finden wir auch bei den Pflanzen und bei dem Fleisch essenden Menschen.

Alle schweren Arbeiten im Felde und im Walde, im Hause und auf der Flur verrichtet der arme Bauer und Tagelöhner, an welchen oft nur einmal im Jahre ein Stückchen Fleisch kommt. Der reiche Mann aber, welcher täglich zwei- bis dreimal Fleisch ißt, dazu Champagner, Kaffee und Thee trinkt und seine Cigarre raucht, bricht bei dem ersten Versuche einer angestrengten körperlichen Arbeit zusammen. Unter den Menschen sind ferner die Lastträger von Konstantinopel, die Beduinen der Wüste, die Irländer und Schottländer, welche alle ausschließlich oder doch fast so von Pflanzen leben, der beste Beweis, daß der Mensch bei Pflanzenkost der härtesten Arbeit und der schwersten Entbehrungen fähig ist.

Ich selbst, der ich seit mehr als 36 Jahren ausschließlich von Pflanzenkost lebe, kann wohl sagen, daß ich im Laufe dieser Zeit alle erdenklichen Arten von Strapazen, Entbehrungen und Mühseligkeiten mit ungewöhnlicher Leichtigkeit ertragen habe. Es waren Zeiten, in denen ich Monate lang des Tags nur 4—5 Stunden Schlaf und 18—20 Stunden Arbeit hatte, Wochen, in denen ich des Tags nur 2—3 Stunden Schlaf genoß und die ganze übrige Zeit die anstrengendsten Arbeiten verrichtete. Als Mann von 43 Jahren hatte ich einen Winter in den Kasematten von Rastadt zu verbringen und im Alter von 55—57 zwei furchtbare Feldzüge in Virginien zu bestehen.

Je sittlicher, je einfacher und mäßiger die Lebensweise, desto größer ist immer die Arbeitskraft und folgeweise die Fähigkeit, Strapazen zu ertragen. Die Sittlichkeit und die Einfachheit schließen gleichzeitig den Genuß der Fleischspeisen aus.

In der gegenwärtigen Welt sind aber die Schlemmer, d. h. die Fleischesser, die Alkoholtrinker, die Tabakraucher fast aller Orten an der Spitze des Staats, der Kirche und der Geschäfte. Die Revolutionen, welche seit 1789 so häufig statt fanden, haben immer nur zur Folge gehabt, daß eine Bande von Schlemmern die andere ablöste. Schlemmer besitzen keine Arbeitskraft. Sie waren daher nicht im Stande, die herrschenden Mißbräuche abzuschaffen. Schlemmer haben unermeßliche Bedürfnisse. Der Staat, die Kirche oder das Geschäft mußte die Mittel zu deren Befriedigung herbeischaffen, wovon Selbstfolge war, daß die Lasten der Völker nicht vermindert, vielmehr vergrößert werden mußten. So wird es fortgehen, bis einmal einfache und rüstige Menschen an die Spitze der verschiedenen Staaten, Kirchen und Geschäfte Europas gelangen.

§. 8. Iſt es wahr, daß die Fleiſchkoſt Kraft gibt?

Wenn ein verhungernder oder doch hungernder Menſch, welcher an Fleiſchkoſt gewöhnt iſt, dieſe zu ſich nimmt, ſo kehren ihm die ſchwindenden Lebensgeiſter zurück und neue Kraft erwacht in ſeinem erſchöpften Körper. Darüber ſind die Freunde und die Feinde der natürlichen Lebensweiſe einig.

Iſt aber der Hungernde an Fleiſchkoſt nicht gewöhnt, ſo wird er durch dieſelbe nicht erquickt, vielmehr wird er dieſe mit Abſcheu von ſich geben.

Das Beiſpiel der Menſchenfreſſer und mancher Schiffbrüchigen beweiſt uns übrigens, daß dieſelbe Wirkung, welche das Thierfleiſch hervorbringt, auch durch das Menſchenfleiſch hervorgebracht werden kann. Man hütet ſich aber wohl zu ſagen: Menſchenfleiſch gibt Kraft.

Die Frage, welche hier maßgebend iſt, wird daher beſſer ſo for- mulirt: gibt das Fleiſch mehr Kraft, als die Pflanzenkoſt?

Dieſe Frage muß, ganz abgeſehen von den tiefer liegenden ſitt- lichen Beweggründen und dem nur zu häufigen Falle ungeſunden Fleiſches, entſchieden verneint werden, vorausgeſetzt, daß wir unter Kraft nicht die Wuth des Tigers oder die Leidenſchaft des verdor- benen Menſchen, ſondern die Fähigkeit verſtehen, nützliche Arbeit zu verrichten.

Nicht die oft dürftigen Landbewohner, ſondern die reichen Städter ſind es, welche frühzeitig am Podagra, an der Gicht und allen erdenk- lichen Krankheiten leiden, welche den Aerzten und Apothekern tribut- pflichtig, alljährlich die Bäder beſuchen und doch nicht geſund werden können. Die Pflanzenkoſt hält die einen geſund, die Fleiſchkoſt macht die andern krank. Allerdings wenn man eine ſchlechte, kümmerliche Pflanzenkoſt mit einer ausgeſuchten Koſt gemiſchter Art vergleicht, kann es kommen, daß die letztere der erſtern vorzuziehen iſt, inſofern man alle ſittlichen Momente außer Acht läßt. Allein das iſt eben kein richtiger Vergleich. Auf dieſe Weiſe könnte man beweiſen, der Elephant ſei ſchwächer als das Pferd, nämlich wenn man einen ſchwächlichen, kranken Elephanten mit einem geſunden und ſtarken Pferde vergleicht.

Uebrigens ſollte der Menſch die ſittlichen Elemente des Lebens bei seinem Thun und Treiben und daher namentlich auch bei seiner Ernährungsweise nie außer Acht lassen. Denn gerade die Sittlichkeit ist es, die ihn über die Thierwelt erhebt. Läßt er dieselbe gänzlich außer Acht und nährt er sich wie der Tiger und die Hyäne von dem Fleische seiner Mitgeschöpfe, welche, gleich ihm selbst, sich ihres Lebens freuen und gegen den Tod sich sträuben, so sinkt er eben in dieser Beziehung wenigstens auf die Stufe der reißenden Thiere herab.

Hierzu kommt noch, daß sehr viele Krankheiten erweislich in der Fleischkost ihren Grund haben. Wer kennt in unsern Tagen nicht die Verheerungen, welche die Trichinen angestellt haben? Wer weiß nicht, daß der Bandwurm sich aus den Finnen des Schweinefleisches entwickelt?

So wie unser Mastvieh jetzt gewöhnlich gefüttert wird, kann sein Fleisch nur verderblich wirken. Was man mästen nennt, ist nichts anderes, als künstlich eine Krankheit erzeugen, welche eine höchst verderbliche Fettbildung in ihrem Gefolge hat. Die Abfälle der Bier-brauereien und Branntweinbrennereien sind fürwahr keine Stoffe, aus denen sich gesundes Blut, gesundes Fleisch und gesunde innere Organe bilden können. Gänseleber ist gerade so ungesund körperlich, als der Prozeß des Stopfens, welcher die größten Lebern künstlich erzeugt, es in sittlicher Beziehung ist. Die Grausamkeit gegen die Thiere ist die trübe Quelle, welcher der Mensch die meisten seiner fleischlichen Leckerbissen verdankt, und welche ihre Ausgleichung findet in der Ungesundheit der so erzeugten Nahrungsmittel.

Fleisch gibt Kraft, aber nicht eine gesunde, frische Arbeitskraft, sondern eine der Gesundheit schädliche, verderbliche Kraft, welche die Leidenschaften künstlich aufstachelt und daher nur zu oft das Laster und die Krankheit in ihrem Gefolge hat, während die Pflanzenkost die natürliche Entwickelung fördert, das Gesundheits-Kapital vermehrt und die Lebensdauer verlängert. In jeder Beziehung ist daher die Kraft, welche die Pflanzenkost erzeugt, derjenigen vorzuziehen, welche aus der Fleischkost hervorgeht.

§. 9. Unterscheidet sich der Kampf der Fleischesser gegen die Pflanzenkost von irgend einem andern Kampfe des Unrechts?

Die öffentliche Meinung und deren Organe sind, wo sie keine Gegner zu fürchten brauchen, gewöhnlich nicht minder despotisch, als die selbstherrlichen Regierungen in Kirche und Staat. So war es zu allen Zeiten und so ist es auch heute noch. Mit der größten Verachtung behandelte die öffentliche Meinung des römischen Reiches zur Zeit der ersten Kaiser und deren Organe das Christenthum, und die Botocuden Brasiliens finden keine Ausdrücke stark genug, um diejenigen zu tadeln, welche es wagen, ihre Nationalsitte des Menschenfressens anzugreifen.

Wir dürfen uns daher nicht wundern, daß in denjenigen Staaten, in welchen das Essen von Thierfleisch allgemeine Sitte ist, das System der Pflanzenesser von der öffentlichen Meinung und deren Organen in ähnlicher Weise behandelt wird, wie das Christenthum im ersten Jahrhundert seines Bestehens und der Widerwillen gegen die Menschenfresserei von den Botocuden noch heut zu Tage.

Mehr als 36 Jahre sind verflossen, seit ich erkannte, daß die Fleischkost auf einem sittlichen Unrechte beruht und Krankheit, Siechthum und frühen Tod in ihrem Gefolge habe. Nahezu 30 Jahre sind verflossen, seit ich meine „Mandaras' Wanderungen" drucken ließ. Kurz darauf erschien Zimmermann's „Weg zum Paradies". In Frankreich veröffentlichte 1840 Gleïzes sein unsterbliches Werk Thalysie ou la nouvelle existende, in Amerika kamen die Schriften von Sylvester Graham und Trall zu Tage, in England schrieben Shelley, in Frankreich J. J. Rousseau zu Gunsten der Pflanzenkost. In neuerer Zeit wurde diese Angelegenheit von Hahn auf der Waid bei St. Gallen und durch Eduard Baltzer zu Nordhausen mit Geist und Kraft betrieben, allein die öffentliche Meinung der ganzen civilisirten Welt und namentlich Deutschlands behandelte die neue Anschauungsweise, welche doch keine leere Theorie ist, sondern tief in das wirkliche Leben eingreift, nicht anders, als, wie wir schon vorhin sagten, das Heidenthum des ersten Jahrhunderts unserer Zeit-

rechnung das Christenthum und die Botocuden unserer Tage die Ab=
neigung gegen die Menschenfresserei.

Drei Jahrzehnte hindurch, von 1836 bis nahe zu 1866, be=
mühten sich die verschiedenen Organe der öffentlichen Meinung in
Deutschland, die gedruckten Werke und mündlichen Vorträge über die
Pflanzenkost todt zu schweigen. Als die Zahl der Druckschriften über
den bezeichneten Gegenstand sich mehrte, als da und dort Vereine
entstanden, welche regelmäßige Versammlungen hielten und systematisch
für die Ausbreitung richtiger Begriffe über die Ernährung wirkten,
wurde der Zorn verschiedener Personen rege, welche, versunken in
Schlemmerei, die Bedeutung einer naturgemäßen und folgeweise nicht
auf Mord beruhenden Lebensweise nicht zu erkennen vermochten. In
verschiedenen Blättern, z. B. in dem Beobachter, der sich ein Volks=
blatt aus Schwaben nennt, in dem Württembergischen Staatsanzeiger
und in der Augsburger allgemeinen Zeitung erschienen Artikel gegen
das System ausschließlicher Pflanzenkost. Als dem Beobachter eine
Widerlegung des von ihm gebrachten Angriffes eingereicht wurde, ver=
weigerte er deren Aufnahme. Alle die bezeichneten Artikel verriethen
deutlich, daß deren Verfasser des Gegenstandes, den sie behandelten,
vollkommen unkundig waren, daß sie weder die classischen Schriften
des Alterthums, noch diejenigen der Neuzeit kannten, welche die
Pflanzenkost besprechen. Ich war immer der Ansicht, auf wissen=
schaftlichem Gebiete nur Angriffen entgegenzutreten, welche das Ge=
präge eines wissenschaftlichen Charakters an sich tragen, dagegen alle
diejenigen, welche nur das Werk von Zungenbreschern waren, mit
Verachtung zu strafen. Die Polemik mit wissenschaftlichen Männern
ist sehr geeignet, neues Licht über einen Streitgegenstand zu verbreiten.
Der Kampf mit Zungenbreschern dagegen dient nur dazu, die wilden
Leidenschaften der Rechthaberei, verletzter Eitelkeit und des Zornes
rege zu machen.

So lange die Freunde der natürlichen Lebensweise nur eine ver=
schwindende Minderheit, die Freunde der Fleischkost, des Alkohols und
des Tabaks dagegen die überwiegende Mehrheit bilden, halte ich es
überdieß nicht für klug, die polemische Seite unserer Bestrebungen zu
sehr in den Vordergrund treten zu lassen. Wer auf unsere fried=
lichen Mahnungen nicht hören und der Fleischkost mit ihren Anhäng=

fein, bem Tabak und bem Alkohol nicht entfagen will, hat felbft ben Schaben babon. Wir haben das unfrige gethan, wenn wir unfere fchriftlichen und mündlichen Belehrungen Jebermann zugänglich machten. Gut Ding will Weile haben. Es kommt barauf an, ber naturge= mäßen Lebensweife einen feften fittlichen und wiffenfchaftlichen Boben zu bereiten. Ift biefer fertig, fo wird bie Macht ber Wahrheit mehr thun, als alle Berebtfamkeit und ber fchönfte Styl.

Mittlerweile wollen wir bas Schweigen, bas Achfelzucken, bie fchlechten Späffe und bie Grobheit unferer Gegner mit Gebulb ertragen. Bei unferen rein menfchlichen Beftrebungen kann weber Eigennuß noch Rechthaberei im Spiele fein. Je bebeutungsvoller aber bie Lehren find, welche wir verkünben, befto mehr müffen wir uns barauf gefaßt machen, von unferen Gegnern gerabe fo behan= belt zu werben, wie alle Verkünber hoher Wahrheiten von ben All= tagsmenfchen von jeher behanbelt worben find.

§. 10. Auf welche Gründe läßt sich das Fleischessen zurükführen?

Mir war es nie möglich, einen anbern Grund für bie Fleifch= koft zu entbecken, als bie Gewohnheit. Diefe ift aber, für fich allein genommen, mächtig genug. Die Gewohnheit ift bie zweite Natur (consuetudo altera natura). Die meiften Menfchen halten an benjenigen Lebensgewohnheiten, welche fie von ihren Eltern über= kommen haben, feft, umfomehr, wenn biefelben allgemein verbreitet find. Die Kinder katholifcher Eltern nehmen gewohnheitsmäßig bie katholifche, bie Kinder proteftantifcher Eltern bie proteftantifche, bie Kinder jübifcher Eltern bie jübifche Religion an. Ein Religions= wechfel ift immer eine feltene Ausnahme, um fo feltener, je ver= breiteter in ber betreffenben Gegenb ein Glaubensbekenntniß ift. Seit bem Enbe bes breißigjährigen Krieges haben fich faft in allen Staaten Europa's bie bamals beftanbenen Religionen regelmäßig von Eltern auf bie Kinber fortgepflanzt, ohne baß, gewaltfame Verfolgungen vorbehalten, maffenhafte Religionsveränberungen irgenb=

wo stattgefunden hätten. Dennoch lebten in allen Staaten Mittel=
europa's verschiedene Religionsbekenntnisse nebeneinander.

Weit ungünstiger für eine Veränderung verhält es sich aber in
Betreff der Ernährungsweise. In ganz Europa, Amerika und den
von Europäern bewohnten Gegenden der drei übrigen Welttheile ist
die sogenannte gemischte Kost, d. h. Fleischkost und Pflanzenkost,
durchaus vorherrschend. Dazu kommt noch, daß die Fleischkost fast
allgemein für die bessere, die nahrhaftere gehalten und von denjenigen
Klassen der Gesellschaft, nach welchen sich die Massen zu richten
pflegen, besonders reichlich genossen wird.

Der arme Taglöhner, welcher kein Fleisch kaufen kann und
nicht einmal im Stande ist, für sich und seine Familie gesunde
Pflanzenkost in hinreichender Menge herbeizuschaffen, bildet sich ein,
eine weit weniger kräftige und weniger gesunde Nahrung zu haben,
als der reiche Mann, welcher täglich dreimal und oft bei einem
Mahle verschiedene Arten von Fleisch genießt. Wenn der arme
Mann freilich nachdächte, so würde er leicht erkennen, daß er und
seine Familie bei ihrer dürftigen Kost des Arztes und Apothekers
weit seltener bedürfen, als der reiche Nachbar mit seiner Frau und
seinen Kindern. Allein wie sich die Religion gedankenlos von Vater
auf Sohn forterbt und bei verschiedenen nebeneinander bestehenden
Glaubensbekenntnissen dasjenige des herrschenden Theils das größte
Ansehen genießt, so verhält es sich auch mit der Ernährungsweise.
Der Sohn ißt Fleisch, weil seine Eltern Fleisch gegessen haben, und
wird in seiner Gewohnheit dadurch bestärkt, daß er die wohlhabend=
sten Menschen, diejenigen, von benen man glaubt, daß sie am besten
essen, am meisten Fleisch genießen sieht.

Die Frage ist: wie läßt sich die verderbliche Gewohnheit der
Fleischkost beseitigen?

Die erste Voraussetzung dazu ist, die öffentliche Aufmerksamkeit
auf die Frage der Ernährung zu lenken. Es versteht sich von selbst,
daß alle Lebemenschen, welchen Essen und Trinken die Hauptsache
ist, sehr ungehalten werden, wenn irgend Jemand sie in ihrem be=
haglichen Genußleben stört. Die üble Laune und der Unwille sind
aber nicht diejenigen Seelenstimmungen, bei welchen der Mensch ge=
neigt ist, ohne Rücksicht auf liebgewordene Lebensgewohnheiten und

anerzogene Vorurtheile bie Wahrheit zu erkennen unb fie im wirk= lichen Leben anzunehmen.

Nur zu häufig ist es mir vorgekommen, baß hochgebilbete Män= ner unb Frauen, welchen ich meine Ansichten auseinanber gefetzt hatte, mir erwieberten: „Wenn man Sie fo reben hört, ift man nicht abgeneigt, Jhnen Recht zu geben, fieht man fich aber im Leben um, fo erkennt man fchnell, baß Jhre Theorien unpraktifch finb." Rohe Menfchen hielten mir nicht felten entgegen: „Unb wenn Tri= chinen barin wären, Fleifch muß gegeffen fein." Wieber anbere fag= ten mir: „Wenn ich Fleifch, Bier unb Wein, Tabak, Kaffee unb Thee entbehren foll, will ich lieber gar nicht leben." Die Verwei= fung auf bie beffere Gefunbheit, welche fich im Gefolge ber aus= fchließlichen Pflanzenkoft einftellen würbe, macht auf Leute, welche fich noch leiblich wohl fühlen, felten großen Einbruck; bei benjenigen aber, welche leibenb, krank ober felbft flech finb, gelten gewöhnlich bie Verorbnungen eines fleifcheffenben Arztes mehr, als bie Mit= theilungen unb bas Beifpiel eines Pflanzeneffers. Wir können ba= her auf einen rafchen Umfchwung ber Dinge nicht rechnen. Jahr= taufenbe hinburch hat fich bie Menfchenfrefferei, Jahrhunderte lang ber Moloch=Dienft im Kampfe mit menfchlicheren Anfchauungen be= hauptet. So mögen benn auch Jahrhunderte vergehen, bevor felbft in ben gebilbetften Theilen ber Erbe bie Fleifchkoft burch bie Pflan= zenkoft verbrängt fein wirb. Alles beutet übrigens barauf hin, baß bie gebilbeten Völker ber Erbe jetzt wenigftens fich fo weit entwickelt haben, baß fie fähig finb, ben Unterfchieb zwifchen Pflanzenkoft unb Fleifchkoft zu erkennen unb ben Einfluß ber letzteren auf bas prak= tifche Leben zu würbigen. Allmählig geftalten fich bie Verhältniffe in ben bicht bevölkerten Staaten Europa's in ber Weife, baß Fleifch= koft nur für bie wohlhabenben Claffen noch zu erreichen ift, während bie minber bemittelten Theile ber Bevölkerung fchon aus finanziellen Grünben gezwungen finb, ber Fleifchkoft zu entfagen. Ueberbieß treten bie nachtheiligen Folgen ber Fleifchkoft in unferen Tagen immer augenfcheinlicher hervor, während auf ber anbern Seite bie wohlthätigen Folgen ber reinen Pflanzenkoft burch taufenbe von Bei= fpielen fo zu fagen hanbgreiflich werben. Wir können baher wohl hoffen, baß im Laufe ber Zeit bie in jeber Beziehung fchlechte Ge=

wohnheit des Fleischessens durch die bessere der Pflanzenkost werde verdrängt werden.

§. 11. Welche Einwürfe setzen die Fleischesser der Pflanzenkost entgegen?

Es läßt sich wohl denken, daß die Liebhaber von Fleischspeisen, welche durch die Verkünder der Pflanzenkost in ihren liebsten Genüssen gestört werden, nicht ohne Weiteres deren Ausführungen gutheißen werden. Für die Aerzte ist überdieß die Frage der Ernährung von ganz besonderer Bedeutung. Ihre ganze Wissenschaft wird mehr oder weniger durch die vegetabilische Lebensweise erschüttert. Außer den Aerzten finden sich auch in den andern Facultäten — namentlich der theologischen und philosophischen — erbitterte Gegner der ausschließlichen Pflanzenkost. Um daher einige Ordnung in die Masse der gegen die Pflanzenkost vorgebrachten Einwürfe zu bringen, wollen wir diese nach den Facultäten besprechen.

Die Theologen christlicher Confession behaupten, Gott habe nach der Sündfluth den Menschen die Fleischkost erlaubt, Christus selbst habe Fleisch gegessen, Gottes Wort und Christi Beispiel sei doch wohl mehr werth, als die Schwärmereien der Pflanzenesser.

Dagegen läßt sich sagen: der Mann der Wissenschaft ist als solcher weder Christ, noch Jude, noch Mohamedaner. So wenig man dem Juden zumuthen kann, jedes Wort des neuen Testaments zu glauben, kann man dem Christen zumuthen, jede Behauptung des Koran gläubig anzunehmen, und umgekehrt. Wer ohne alle Rücksicht auf Vernunft und Wissenschaft die Worte irgend eines Buches, es heiße Bibel, Koran, Zendavesta oder anders, anruft, stellt sich dadurch auf den Boden der Religion und muß es sich daher gefallen lassen, daß jeder Andersglaubende ihn des Aberglaubens beschuldige. Nichts desto weniger wollen wir uns auf die gemachten Einwürfe einlassen.

In der Genesis, Capitel 1, Vers 29, wird der Mensch von Gott selbst ausdrücklich auf allerlei Kraut und fruchtbare Bäume zur Speise verwiesen. An diesem bestimmten Ausspruche Gottes können spätere Zugeständnisse um so weniger etwas ändern, als zahlreiche andere Stellen der Bibel darauf hinweisen, daß jene ursprüngliche Speiseordnung keineswegs aufgegeben worden sei. Beispielsweise erinnere ich an jene jüdischen Jünglinge, welche am Hofe des orientalischen Despoten sich der Fleischkost enthielten und gerade aus diesem Grunde besonders frisch und gesund aussahen.

Ich erinnere ferner an jene Stellen im alten Testamente, welche von einer künftigen besseren Zeit sprechen, da Friede sein werde zwischen Menschen und Thieren und der Löwe Stroh fressen werde. Wenn alles dasjenige heut zu Tage noch erlaubt wäre, was vor 3 oder 4 Jahrtausenden der Bibel zufolge erlaubt gewesen sein mochte, so müßten wir gleich den Erzvätern wieder Sclaverei und Vielweiberei für erlaubt halten, was doch wohl Niemand für einen Fortschritt zum bessern halten wird. Was den Menschen wegen ihrer Herzenshärtigkeit vor Jahrtausenden erlaubt gewesen sein mag, entspricht deshalb durchaus nicht dem gegenwärtigen Culturzustande. In dieser Beziehung wenigstens werden die Herrn Mediciner mit uns übereinstimmen, wenn wir behaupten, daß keine Vorschrift der Bibel die Streitfrage zwischen Pflanzenkost und Fleischkost entscheiden könne. Lassen wir also die Theologen behaupten was sie wollen und wenden wir uns zu den sogenannten Philosophen! Sie sagen: „in vielen Theilen der Erde, z. B. in den Polargegenden könnten die Menschen ohne Fleischkost gar nicht leben. Es könne daher nicht in der Absicht der Natur liegen, die Menschen auf die Pflanzenkost zu beschränken." Wir wollen es ganz dahin gestellt sein lassen, ob es wahr ist, daß die Bewohner der Polargegenden nur mittelst der Fleischkost ihr Leben fristen können. Wenn dem so ist, erhellt daraus nur, daß diese Menschen sehr übel daran sind.

Sollten sie uns als Muster dienen, müßten die Leute der gemischten Kost auf die vegetabilischen Bestandtheile ihrer Nahrung Verzicht leisten, was ihnen aus zarter Rücksicht für die Bewohner der Polargegenden nicht einfallen wird. Wenn sie nun aus den bezeichneten Gründen einen Theil ihrer Nahrung nicht aufgeben, so können sie uns doch nicht zumuthen, aus Rücksicht für die Bewohner der Polargegenden Fleischkost zu genießen, um so weniger, als die äußere Erscheinung und der Bildungszustand der Eskimo's

Tungusen und Kamtschadalen keineswegs so beschaffen ist, daß er zur Nacheiferung anspornen könnte.

Ein zweiter Einwurf, welcher nicht wohl einer andern, als der sogenannten philosophischen Facultät zugeschrieben werden kann, ist folgender: „Wenn wir die Thiere nicht aufzehren, so laufen wir Gefahr, von ihnen aufgezehrt zu werden. Was sollte aus unseren Ochsen, Haasen, Hühnern und hundert andern Thierarten werden, wenn wir sie nicht aufzehrten? Wenn auch manche dieser Thiere uns persönlich nicht angreifen, so würden sie doch unser Eigenthum zu Grunde richten, unsre Saaten zerstören und unsere Ernbten für sich in Anspruch nehmen."

In diesem Einwurfe finden sich die verschiedenartigsten Thatsachen zusammengeworfen.

Für's erste ist zu bemerken, daß alle die Thiere, deren Fleisch jetzt gewöhnlich von den Menschen verzehrt wird, harmlose Pflanzenfresser sind, welche ihrer Natur nach weder Menschen-, noch Thierfleisch genießen. Es kann sich daher nur handeln um die Gefahr, womit dieselben unsere Fluren bedrohen. Diese Gefahr entsteht aber blos in Folge der jetzt herrschenden Gewohnheit des Fleischessens. Was die zahmen Thiere betrifft, die Ochsen, Schafe, Hühner, Gänse u. s. w., so werden dieselben künstlich gezogen. Mit der Nachfrage nach denselben wird sich deren Zahl vermindern oder vermehren, nach ökonomischen Grundsätzen. Die wilden Thiere dagegen, die Wildschweine, Hirsche, Rehe und Hasen werden aus Rücksicht für die Jagbliebhaber systematisch gehegt. Mit der Jagd würde auch der Wildschaden ein Ende nehmen.

Das Fleischessen hat in seinem Gefolge eine Menge naturwidriger Einrichtungen.

Ich erinnere beispielsweise nur an unsere Hühnerhöfe. Die Fleischesser berufen sich nun auf die durch sie herbeigeführten Mißstände als Einwürfe gegen das System der Pflanzenkost. Rückkehr zur Natur wird die Folge der Rückkehr zur Pflanzenkost sein, während die Beibehaltung der Fleischkost auch die Beibehaltung aller derjenigen Einrichtungen bedingt, welche den Fleischessern ihr Fleisch liefern.

Die Juristen, welche Fleisch essen, berufen sich darauf, daß in keiner der ihnen bekannten Gesetzgebungen die Fleischkost verboten sei und sind sehr unzufrieden mit der Behauptung, daß über dem positiven Gesetze das Moralgesetz stehen und daß dieses das Tödten der Thiere um ihres Fleisches willen nicht gutheißen könne. Frägt man sie, ob sie Fleisch essen würden, falls sie selbst die betreffenden Thiere schlachten müßten, so geben sie zu, daß sie in diesem Falle lieber das Fleisch entbehren würden. Dadurch werden sie aber keineswegs zu der Ueberzeugung gebracht, daß bei ihnen die Stimme des Gefühls in Widerspruch stehe mit ihrer Lebensweise, während der Pflanzen= esser der Stimme seines Gefühls Ausdruck gibt, indem er sich der Fleischkost enthält, d. h. seiner Seits wenigstens nicht dazu beiträgt, daß Thiere um ihres Fleisches willen getödtet werden.

Wir könnten die Zahl der dem Systeme der Pflanzenkost ent= gegengesetzten Einwendungen noch um ein Bedeutendes vermehren. Die meisten derselben gehen von der medicinischen Facultät aus. Wir haben dieselben in den Paragraphen 3 bis 8 schon gewürdigt und nehmen daher von einer weiteren Erwähnung derselben Umgang.

Zum Schlusse will ich nur noch derjenigen Einwendungen er= · wähnen, welche von einer sehr einflußreichen Facultät, nämlich der= jenigen der Hausfrauen ausgehen. Diese pflegen nehmlich bei der Besprechung der Pflanzenkost zu bemerken, daß ohne Fleischspeisen eine ordentliche Mahlzeit gar nicht herzustellen sei. Sie denken dabei natürlich an diejenige Ordnung, welche sie von Mutter und Groß= mutter überkommen haben. Diese enthält sehr wenig Abwechslung, viel weniger, als unsere vegetabilische Küche. Rindfleisch wird alle Tage aufgetragen und die Abwechslung, welche gewöhnlich stattfindet, bezieht sich nur auf die neben dem Fleisch hergehenden Vegetabilien. Der Reichthum der letzteren, wenn man sich denselben veranschaulicht, ist aber wahrhaft unendlich zu nennen.

Der Einwand der mangelnden Abwechslung wird gehoben durch einen Blick in die jetzt nicht mehr seltenen vegetabilischen Kochbücher, namentlich Englands und Nordamerikas. Auf der anderen Seite hat aber die vegetabilische Lebensweise, abgesehen von ihrer größeren Wohl= feilheit, den unermeßlichen Vortheil, daß sie nicht die Hälfte der Zeit und des Brennstoffes in Anspruch nimmt, als die Fleischkost. Um

---

*) S. übrigens auch unten §. 36.

Kartoffeln, Mehlspeisen, Gemüse und andere Pflanzenstoffe zu be=
reiten, genügt meistentheils eine Stunde Zeit, während um Fleisch zu
sieden oder zu braten, zwei bis drei, oft noch mehr Stunden erfordert
werden. Schon aus diesem Grunde sollten die Hausfrauen, wenn
sie nicht in der Küche aufgehen wollen, eifrige Anhängerinnen der
Pflanzenkost werden. Alle diejenigen Hausfrauen, welchen in der
Küche das Herz nicht ganz abhanden gekommen ist, werden sich aber
freuen, daß ihnen durch die Pflanzenkost der peinlichste Theil ihrer
Küchenarbeit abgenommen wird. Für den Pflanzenesser brauchen sie
keine Gänse zu stopfen und ihnen nicht den Hals abzuschneiden, kein
Täubchen zu rupfen und keine Fische todtzuschlagen, keine Krebse bei
lebendem Leibe zu sieden. Alle diese Grausamkeiten, welche der Fleisch=
esser den Hausfrauen aufladet, kommen in der vegetabilischen Küche
nicht vor. Sollte dieser Umstand für sich allein nicht alle besseren
Hausfrauen zu Anhängerinen der reinen Pflanzenkost machen?

Im übrigen verweise ich auf die §. §. 36 und 38 unten, wo
die von einigen hervorragenden Gegnern der naturgemäßen Lebensweise
weiter vorgebrachten Einwendungen noch besonders gewürdigt werden.

§. 12. Kann das Fleisch eines kranken Thieres dem Menschen eine gesunde Nahrung bieten?

Es war eine Zeit, da es auch in Europa Jägervölker gab,
damals konnte auf einer Quadratmeile nicht der zehnte Theil der
Menschen leben, welchen der Ackerbau, das Handwerk und der Han=
del eine weit bessere und zuverlässigere Nahrung verschafft. Allein
zwischen Jagd und Fleischkost besteht ein gewisses Wechselverhältniß.
Der Jäger, der sich in der frischen Luft den ganzen Tag herum=
treibt, kann manches verbauen, was bei sitzender Lebensart unver=
daulich ist. Dazu kommt noch, daß das Fleisch des Wildes, das
sich in Wald und Flur in gesunder Weise ernährt, einen ganz andern
Charakter besitzt, als das Fleisch derjenigen Thiere, welche jetzt ge=
wöhnlich geschlachtet werden. Unser Schlachtvieh steht jetzt in der
engsten Verbindung mit unseren Bierbrauereien und Branntwein=
brennereien. Unsere größeren Landwirthe brennen Branntwein, um

durch die Abfälle dieses Industriezweiges ihr Vieh mästen zu können und unsere Bierbrauereien verkaufen ihre Abfälle an die Viehzüchter. Ein sehr bedeutender Theil des Futters unseres sogenannten Mast= viehes besteht daher nicht mehr in frischen Kräutern, sondern in Ab= fällen, welche unmöglich ein gesundes Blut erzeugen können. Die Methode der Mästung ist bei dem großen Vieh, wie bei den Gänsen nichts anderes, als die künstliche Erzeugung einer Krankheit. Das System der Stallfütterung ist für Ochsen und Rinder nicht weniger gesundheitswidrig, als das Stopfen bei dem Federvieh. Die großen Lebern der Gänse mögen einem verborbenen Geschmacke sehr ange= nehm sein, allein sie sind augenscheinlich nichts weiter, als die Er= gebnisse einer durch das Stopfen herbeigeführten Krankheit. Einen ganz ähnlichen Charakter hat die Fettbildung, welche in Folge der Mästung bei Ochsen und Schweinen entsteht. Daß die Lebern und das Fleisch gestopfter Gänse, sowie das Fett gemästeter Schweine und Ochsen der Gesundheit des Menschen nachtheilig seien, sehen die meisten Aerzte ein; sie empfehlen daher vorzugsweise diejenigen Fleischstücke, welche wenig oder kein Fett enthalten. Allein im leben= den Thiere besteht eine Verbindung zwischen den Fetttheilen und den Muskeln. Dasselbe Blut nährt die Muskeln, wie das Fett. Aller= dings mögen sich in den fettigen Theilen die der Gesundheit schäd= lichen Stoffe in größerem Maße anhäufen, allein die übrigen Theile des Körpers können sich von denselben unmöglich ganz frei halten. Wenn das Fett der Gänse, Schweine und Mastochsen ungesund ist kann das Fleisch derselben unmöglich gesund sein, obgleich es ohne Zweifel weniger schädlich ist, als das erste.

Wer kann aber mit Sicherheit behaupten, daß das ihm vor= gesetzte Fleisch in unseren Tagen von einem gesunden Thiere stamme? Wie viele Menschen glaubten, gesundes Schweinefleisch zu essen, und genossen mit demselben eine Finne, aus welcher sich mit der Zeit ein Bandwurm entwickelte! Wie viele andere Menschen glaubten, gesundes Schweine= oder Ochsenfleisch zu genießen, und sie verspeisten damit lebende Trichinen, welche ihnen den Tod oder doch eine furcht= bare Krankheit brachten! Wie viele Menschen sind den Verdauungs= beschwerden erlegen! Diese haben aber meistentheils ihren Grund in Fleischspeisen, gewiß sehr selten in der Pflanzenkost.

Kaiser Karl V. holte sich, nachdem er lange Zeit fast nur seinem Magen gelebt hatte, den Tod, indem er zu viel von einem Aale aß. Hätte er zuviel von Weizenbrod oder Aepfelmus oder irgend einer Pflanzenspeise genossen, so hätte er vielleicht eine un= ruhige Nacht gehabt, allein mit dem Tode wäre er dafür gewiß nicht gestraft worden.

Es ist durch die neuere Wissenschaft vollkommen erwiesen, daß das Fleisch einen durchaus giftigen Stoff, genannt Kreatin und Krea= tinin, enthält, welches in starker Dosis hinreicht, einem Kaninchen den Tod zu geben. Allerdings findet sich dieses Gift nicht in so starken Verhältnissen im gewöhnlichen Fleische, um dem Menschen unmittelbar den Tod zu geben, allein im Laufe der Jahre muß doch, wenn der einzelne Mensch viel Fleisch genießt, dieses Gift ihm tödtlich werden, oder wenigstens schwere Leiden bereiten.

Im gegenwärtigen Augenblicke vergleicht sich immer ein Fleisch= esser mit dem andern. Natürlich befindet sich der eine wohler, als der andere. Der eine hat von der Natur eine kräftigere Körper= beschaffenheit zugetheilt erhalten und erfreut sich schon aus diesem Grunde einer rüstigen Gesundheit, ungeachtet er Fleisch ißt, denn ein starker Magen kann gar Vieles ertragen. Der andere bewegt sich viel in freier Luft und kann aus diesem Grunde allein schon viele nachtheilige Einflüsse überwinden. Ein dritter ißt nur wenig Fleisch und mehr Pflanzenkost und fühlt aus diesem Grunde nicht unmittelbare Beschwerden. Allein aus allen diesen Umständen geht nicht hervor, daß die Fleischkost gesund sei, sondern nur, daß deren nachtheilige Wirkungen den Umständen nach überwunden werden können, allein auch die kräftigste Körperbeschaffenheit wird das Fleisch eines kranken Thieres, wird Finnen, Trichinen, Gänselebern, Aale u. s. w. auf die Dauer nicht überwinden können. Früher oder später wird sie den Einflüssen einer derartigen ungesunden Nahrung erliegen, obgleich der betreffende Mensch schwerlich die Ursache seines bevorstehenden Todes in Erfahrung bringen wird, denn wer einen Gegenstand mit Vorliebe genießt, glaubt selten, daß er ihm schädlich sein könne.

§. 13. Was ist Materialismus im Essen und Trinken?

Idealismus und Materialismus sind die Richtungen, welche dem Gegensatze zwischen Idee und Materie entsprechen. Aus einer richtigen Würdigung beider geht die Harmonie des Lebens, die Bildung, die Freiheit und der Wohlstand der Nationen hervor. Die Ueberschätzung der Materie hat nothwendig die Vernachläffigung der Idee zur Folge. Dieses gilt von allen Gebieten des Lebens und namentlich auch von demjenigen des Essens und Trinkens. Wir sollen Speise und Trank genießen, um die Entwicklung unseres Körpers, mit welcher diejenige unseres Geistes untrennbar verbunden ist, zu förbern. Die gütige Natur hat mit allen normalen Verrichtungen unseres Körpers angenehme, mit allen abnormen Verrichtungen unangenehme Empfindungen verknüpft. Durch letztere sollte der Mensch von naturwidrigen Genüssen abgehalten werden. Die ersteren sollten sozusagen eine Prämie für eine naturgemäße Lebensweise sein. Der Zweck, welchen die Natur verfolgt, ist aber nicht, dem Menschen einen Genuß zu bieten, sondern ihn zu bestimmen, ihre ewigen Gesetze zu achten.

Nur zu häufig kehrt aber der Mensch die weisen und wohlthätigen Bestimmungen der Natur um. Er ißt und trinkt nicht, um den natürlichen Abgang der Stoffe seines Körpes zu ersetzen, und diesem neue, frische Lebenssäfte zuzuführen. Er ißt und trinkt nur wegen des damit verbundenen Wohlschmacks und schadet dadurch nothwenbig seiner Gesundheit.

Das richtige Verhältniß zwischen Idee und Materie in Betreff der Speise und des Trankes besteht darin, daß wir nur dasjenige und in derjenigen Menge genießen, was unsere körperliche Entwicklung förbert. Dabei ist es ganz erlaubt, daß wir uns des angenehmen Geschmackes der von uns genossenen Stoffe erfreuen. Wenn wir aber den Gedanken an unsere Gesundheit demjenigen des Wohlgeschmacks unterordnen, dann verfallen wir in Materialismus. Hiernach ist also Materialismus im Essen und Trinken eine Lebensweise, welche die Idee vernachläßigt und der Materie zu großes Gewicht beilegt.

Leiber ist dieser Materialismus im Essen und Trinken eine fast allgemeine Unsitte, welche nur in der Armuth der Menschen eine gewisse Schranke findet. Je reicher dagegen die Menschen sind, desto mehr huldigen sie diesem Materialismus, welcher natürlich alle die= jenigen Krankheiten zur Folge hat, von welchen die wohlhabenden Klassen der sogenannten civilisirten Welt heimgesucht werden. Auf diese Weise findet schon auf der Erde gewissermaßen die Ausgleichung zwischen Idee und Materie, Armuth und Reichthum statt. Wer die Materie überschätzt und ihr alle seine Kräfte aufopfert, mag wohl große Reichthümer sammeln, allein deren Genuß wird ihn zu Krank= heit und Siechthum führen, wenn er seinen Begierden nicht naturgemäße Schranken zieht. Die Leiden, welche Krankheit und Siechthum dem Reichen bereiten, sind aber gewiß so groß, wenn nicht größer, als diejenigen, welche die Armuth in ihrem Gefolge hat.

Unstreitig bildet die Fleischkost den Hauptgegenstand, mit welchem es der Materialismus im Essen und Trinken zu thun hat. Sie ist, abgesehen vom kranken Fleische und von der sittlichen Bedeutung des Thiertödtens, die Grundursache des Zuvielessens und Zuviel= trinkens und aller jener narkotischen Genüsse, wie Tabak und alkohol= haltige Getränke, welche die Gesundheit der Lebemenschen unserer Tage zu untergraben pflegen.

§. 14. Worin besteht die Schlemmerei?

Der höhere Grad des Materialismus im Essen und Trinken wird durch das Wort Schlemmerei bezeichnet. Wer nur so viel ißt und trinkt, daß die Folgen davon allmälig zu Tage treten, gilt in unsern Tagen noch für mäßig. Wer zwar jeden Abend in's Wirths= haus geht und einige Schoppen Bier oder Wein trinkt, allein nicht nach Hause taumelt, sondern festen Schrittes einhergeht, gilt noch immer für tadellos. Allein wenn er nach Hause kömmt, bringt er einen Duft von Bier, Wein und Tabak mit sich, welcher jede ge= sunde Nase verletzt. Sein Schlaf ist nicht mehr der ruhige, gesunde Schlummer der Kindheit, sondern von mannichfaltigen Träumen auf= geregt und folgeweise nicht erquickend. Allmälig sammelt sich am ganzen Körper und namentlich an allen Organen der Verdauung eine Fettmasse an, welche beren Thätigkeit erschwert und oft höchst schmerzlich macht.

Aehnliche Folgen wie der Materialismus im Trinken hat auch der Materialismus im Essen. Die vielen Fleischspeisen, welche ein Mensch genießt, haben zur Folge, daß der darin enthaltene Giftstoff, genannt Kreatinin an Masse immer zunimmt und in seiner Wirkung immer verderblicher wird.

Allein die Gewohnheit ist mächtiger als die Stimme der reinen Natur, so ernstlich auch die Mahnungen sind, welche darauf hinweisen, daß die alcoholhaltigen Getränke und die Kreatinin enthaltenden Speisen eine verderbliche Wirkung auf Körper und Geist ausüben, der Kranke und dessen Aerzte suchen die Quelle des Unwohlseins aller Orten, nur nicht in dem Genusse schädlicher Speisen und Getränke. Denn alle Welt ißt ja Fleisch und trinkt Alcohol in allen erdenklichen Formen.

Auf diese Weise treten Jahr aus Jahr ein Tausende aus dem Stadium des Materialismus in dasjenige der Schlemmerei ein. Dieses beginnt nämlich da, wo die nachtheiligen Folgen naturwidriger Genüsse im Essen und Trinken nicht mehr Jahre, Monate oder Wochen auf sich warten lassen, sondern unmittelbar, oder doch schon nach wenigen Stunden eintreten. Beim Trinken werden diese Folgen durch den Ausdruck Katzenjammer, beim Essen durch die Bezeichnung Indigestion zusammengefaßt. Allerdings können diese Zustände auch durch Excesse hervorgerufen werden, welche nicht gewohnheitsmäßig sind. Es gibt Menschen, welche, im Allgemeinen nüchtern, sich verführen lassen, einmal, wie man sich auszubrücken pflegt, über die Schnur zu hauen. Ein solcher Exceß, wenn er nicht zu schlimmer Art ist, geht gewöhnlich ohne wahrnehmbare verderbliche Folgen vorüber. Er wird aber töbtlich oder doch höchst gefährlich, wenn sich ein gewohnheitsmäßiger Fresser oder Säufer besselben schuldig macht.

§. 15. Welche Lebensweise befördert das Laster, die Pflanzen- oder die Fleischkost?

Die Gedanken und Gefühle, welche eine Ernährungsweise her= vorruft, werden zwar im gewöhnlichen Leben gar nicht berücksichtigt, sie haben aber doch ihre Bedeutung. Ein Mensch, welcher täglich Gänse stopfen, Hühner rupfen, dem Geflügel die Köpfe abschneiden, Schweine stechen, Kälber, Rinder und Ochsen abthun sieht, oder gar selbst abthut, kann sich unmöglich ein feines Gefühl gegenüber den Leiden von Mitgeschöpfen erhalten. Er gewöhnt sich daran, das Widerstreben des zur Schlachtbank geführten Thieres, das Röcheln des sterbenden Ochsen, das Geschrei des verblutenden Schweines als gleichgültige Dinge zu betrachten. Hat sich der Mensch daran ge= wöhnt, die Leiden der Thierwelt vollständig zu ignoriren, so kömmt er leicht dahin, auch diejenigen seiner Mitmenschen unbeachtet zu lassen. Ja, vielen macht es sogar eine teuflische Freude, zuzusehen, wenn Thiere geschlachtet werden, oder gar selbst mit Hand anzulegen.

Kein vernünftiger Mensch wird verkennen, daß der Anblick sol= cher Mordscenen oder gar die Mitwirkung bei denselben im besten Falle das Gefühl abstumpfen, nur zu häufig aber es zu Grausam= keiten geneigt machen muß.

Aber auch diejenigen, welche an der Tödtung der Thiere nicht selbst Theil nehmen, ja ihr nicht einmal zusehen, wissen doch, daß das Fleisch, welches ihnen aufgetragen wird, von Thieren kömmt, welche geschlachtet wurden, daß also ihr Mahl mit dem Tödten eines Thieres in der innigsten Verbindung stehe. Allerdings denken die meisten Fleischesser nicht daran, auf welche Weise sie zu ihrer Nah= rung kommen, allein die Gedankenlosigkeit ist in der That keine Tugend, sondern im Gegentheil die Mutter vieler Laster. Denn der Verstand ist doch einer der mächtigsten Hebel, welche das Laster von uns fern halten. Eine Lebensweise, welche entweder die Ge= dankenlosigkeit, oder die Grausamkeit fördert, je nachdem man ent= weder nicht daran denkt, wie man zu der Fleischkost kommt, oder ungeachtet man daran denkt, sie doch genießt, ist gewiß geeignet, dem Laster Thür und Thor zu öffnen.

Wie ganz anders sind die Gedanken und Empfindungen, welche durch die Pflanzenkost erzeugt werden! Wenn der Pflanzenesser die Frage aufwirft, wie er zu seiner Kost gelangt, so fällt die Antwort ganz anders, als beim Fleisch=esser aus. Wenn auch das Eisen geholfen hat, die Erde umzu=wühlen, das Getreide zu mähen, das Gemüse zu schneiden oder den Apfel zu schälen, Blut brauchte nicht zu fließen, um die Pflanze dem menschlichen Gaumen näher zu bringen. Der Apfelbaum wider=strebte nicht, wenn man seine Frucht brach, und das Getreide sträubte sich nicht gegen die Sichel des Schnitters. Kein Gestöhne und kein Gebrülle ließ sich vernehmen, wenn der Bauer seine Frucht oder der Acker seine gereiften Saaten dem Menschen überließ.

Lieblich und harmlos ist der Gang, welchen die Pflanze von der Flur in die Küche und von da auf die Tafel macht. Von jeder Speise aus dem Pflanzenreiche kann der Wirth dem Gaste eine ausführliche Beschreibung machen, ohne daß dessen Gefühle verletzt würden. Er kann beginnen mit dem Samenkorn, oder dem Kerne, welcher in die Erde versenkt wird, kann übergehen zu dem Getreide, welches gedroschen, gemahlen und gekocht wird, oder von dem Obste, das sich aus der Blüthe entwickelt hat, gebrochen, geschält oder ausge=kernt und dann auf das Feuer gesetzt wird, ohne einen peinlichen Eindruck hervorzurufen.

Während der Knabe, dem sein Kälbchen oder Schäfchen weg=genommen wird, damit es geschlachtet werde, mit Weinen und Hände=ringen dem Metzger folgt und diesen als einen bösen und grausamen Mann verflucht, tauchen in dem Herzen des Kindes, so wenig als des Erwachsenen, keine widrigen Gefühle auf, wenn die Gaben des Pflanzenreiches in die Küche wandern. Denn die Pflanze hat keine Organe, welche sie mit dem Menschen auf eine gleiche, oder auch nur entfernt ähnliche Stufe stellte. Die Pflanze hat keine Stimme, ähnlich derjenigen des Menschen, mit welcher sie ihren Schmerz zu verkünden vermöchte. Sie gibt auf keine Weise zu erkennen, daß sie Schmerz fühle. Wir finden an derselben keine freiwilligen Be=wegungen, überhaupt weder irgend einen Willen, noch irgend ein Selbstbewußtsein, noch irgend ein Organ, welches dazu dienen könnte. Das Thier aber, namentlich das Säugethier, welches gewöhnlich ge=

schlachtet wird, hat ein Gehirn, Lunge, Herz, Leber, Magen, welche alle den betreffenden Organen des Menschen sehr ähnlich sind. Mit= gefühl mit einem Wesen ähnlicher Art ist natürlich. Mitgefühl mit der Pflanze ist Unsinn, da diese selbst nicht empfindet.

Die Fleischkost setzt aber voraus, daß derjenige, welcher sie ge= nießt, entweder das Mitgefühl mit den Thieren, welche er verspeist, gewaltsam unterdrücke, oder in vollständiger Gedankenlosigkeit un= beachtet lasse. In beiden Fällen kann der Mensch dadurch nur in seiner geistigen Entwicklung gehemmt werden. Stumpfsinn in Ge= fühlen und Gedanken, oder gar Grausamkeit ist die nothwendige Folge der Fleischkost, wenn wir diese nur in Betreff ihrer geistigen Wir= kungen betrachten. Allein neben diesen gehen die körperlichen in gleicher Richtung einher. Die Fleischkost, selbst wenn sie von gesun= den Thieren stammt, macht die Neigung zu Gewürzen und zu geisti= gen Getränken rege. Die allzugroße Abwechslung, welche aus dem Gegensatze zwischen Pflanzenkost und Fleischkost in der sogenannten gemischten Kost liegt, macht den Fleischesser geneigt, mehr zu essen, als ihm gut ist. So befördert die Fleischkost die Unmäßigkeit im Essen und Trinken. Sie bildet die Hauptursache der Völlerei, welche namentlich an denjenigen Orten, wo viel Fleisch gegessen wird, all= gemein verbreitet ist.

Der Pflanzenesser bedarf keiner Gewürze, um den Geruch oder Geschmack einer Leiche zu verstecken. Der Pflanzenesser ist immer einfach und mäßig in Speise und Trank. Er fühlt kein Bedürfniß, geistige Getränke zu sich zu nehmen. Trunksucht und Völlerei sind Laster, welche bei dem Pflanzenesser nicht vorkommen, bei den Fleisch= essern aber nur zu allgemein sind.

In ähnlicher Weise wie auf den Nahrungstrieb, d. h. gewalt= sam aufregend und erhitzend, wirkt die Fleischkost auch auf alle übrigen Triebe, namentlich den Geschlechtstrieb, den Bekämpfungs= und Zerstörungstrieb. Thörichte Eltern freuen sich darüber, wenn ihre mit Fleisch, zum Theil sogar mit rohem Fleische genährten Kinder sich, wie sie glauben, rasch entwickeln. Allein diese Entwickelung ist keine gleichmäßige. Der Verstand, die höheren sittlichen Empfindun= gen, die einzigen Gegengewichte gegen das wilde Toben der thierischen Triebe, wachsen auf dem Mistbeete der Fleischkost nicht so rasch empor, als die oben bezeichneten Triebe, welche der Mensch mit dem Thiere gemein hat. Die Folge der den Kindern gereichten Fleischkost ist daher ein Mißverhältniß zwischen den niederen Trieben des Menschen, welche gehorchen und den höheren sittlichen und intellectuellen Kräften des= selben, welche herrschen sollen. Der als Diener ganz brauchbare thierische Trieb wirft sich dann zum Herrscher auf, unter dessen Be= fehlen die sittliche Kraft verkümmert und die Intelligenz eine ganz verkehrte Richtung annimmt. Menschen dieser Art sind ungerecht, übermüthig und frech gegen alle Schwachen, gefügig und dienstberei, gegen die Starken. Durch die Fleischkost werden die feilen Knechte der Tyrannen, wie diese selbst, großgezogen, während der Pflanzenesser in seiner geistigen Entwicklung, wie in der Einfachheit seiner Bedürf= nisse die festen Grundlagen eines freiheitlichen Strebens besitzt.

Wie viele Menschen wären nicht auf die Bahn des Verbrechens gerathen, wenn sie sich mit der Pflanzenkost begnügt hätten! Aber um sich die Mittel zu verschaffen, die kostspielige Fleischkost und deren Anhängsel, Tabak und Alkohol zu verschaffen, verkauft der eine seine Mannesehre und Selbstständigkeit, der andere sein Gewissen. So wird der eine zum feilen Knechte und der andere zum Verbrecher. Weit ist es von mir entfernt, allen Knechtssinn und alle Verbrechen auf die Fleischkost zurückführen zu wollen. Außer ihr gibt es noch genug Ursachen der Laster und Verbrechen. Es genügt der Nach= weis, daß die Pflanzenkost weniger als die Fleischkost das Laster befördert, um jeden denkenden und strebenden Menschen der reinen Pflanzenkost zuzuführen und von der Fleischkost abzuhalten.

§. 16. Wie wird sich die Menschheit und die Erde gestalten unter dem Einflusse der Pflanzenkost?

Auch unter den Pflanzenessern wird es an Uebeln, Mängeln und sogar Verbrechen nicht fehlen. Jahrhunderte werden vergehen, bevor die Fleischkost abgeschafft sein wird, und andere Jahrhunderte, bevor die Folgen früher genossener Fleischkost verwischt sein werden. Allein mit der größten Sicherheit läßt sich vorhersagen, daß diejeni= gen, welche der Fleischkost den Rücken kehren und sich ausschließlich mit Pflanzenkost ernähren, die großen Tugenden der Einfachheit, Mäßigkeit und Reinlichkeit in weit höherem Maße besitzen werden, als die Fleischesser. Was die Tugenden der Einfachheit und Mäßigkeit betrifft, so haben wir uns über dieselben schon an andern Orten wiederholt ausgesprochen. Hier nur noch einige Worte in Betreff der Reinlichkeit. Mit gutem Grunde nannte es Plutarch eine Verunreinigung, wenn der Mensch Fleisch genieße. Diejenige Verunreinigung, welche aber nicht blos die äußere Haut des Menschen berührt, sondern durch den Mund in sein Inneres, in seinen Magen bringt und in sein Blut übergeht, ist gewiß die schlimmste Verunreinigung, welche sich denken läßt. Der Pflanzenesser, welcher sich von dieser Verunreinigung frei hält, hat schon aus diesem Grunde etwas vor dem Fleischesser voraus.

Wer aus Rücksicht für das schwache Thier, das sich nicht wehren kann, den Kampf mit dem allgemein verbreiteten Vorurtheil der Fleischkost beginnt, wird ohne allen Zweifel dieselbe sittliche Kraft, welche ihn in Betreff seiner Ernährungsweise beseelt, auch in allen andern Beziehungen seines Wirkens und Strebens kund thun. Wer das Thier in den Gesichtskreis seiner Pflichten zieht, wird gewiß den Menschen nicht von demselben ausschließen. Der Pflanzenesser, indem er sein sittliches Gefühl auf die Thierwelt ausdehnt, wird dadurch in keiner Weise abgehalten, seine Pflichten den Menschen gegenüber zu erfüllen. Im Gegentheile wird er dadurch, daß sein Gefühl verfeinert und sein Verstand berichtigt wird, erhöhte Fähigkeiten für den Dienst der Menschheit erlangen.

Bei dem Pflanzenesser wird aber der gute Wille nicht, wie so oft beim Fleischesser, blos eine unmächtige Regung des Gemüthes bleiben. Der Wille des Pflanzenessers, welcher hervorgeht aus einer gesunden körperlichen und geistigen Organisation, ist an und für sich stärker, als derjenige des Fleischessers. Dieser hat außerdem so viele und so kostbare Bedürfnisse, daß er selten etwas, jedenfalls nicht viel für seine Mitmenschen übrig hat. Der Pflanzenesser mit seinen so geringen Bedürfnissen besitzt dagegen in weit höherem Maße außer dem inneren Willen die äußeren Mittel, der Menschheit zu dienen.

Ist es hiernach gewiß, daß die Abschaffung der Fleischkost und die Einführung der ausschließlichen Pflanzenkost die Entstehung eines einfacheren, mäßigeren, reinlicheren, sittlicheren, intelligenteren und selbstständigeren Geschlechtes zur Folge haben wird, so versteht es sich von selbst, daß unter dessen Einflusse die Erde eine entsprechende Umwandlung erfahren muß.

Die Verbrechen werden seltener werden und die Armuth wird gänzlich verschwinden. Die Lasten, welche jetzt zum größten Theile auf die Schultern der ärmeren Klassen geladen worden sind, werden gleichmäßiger vertheilt werden. Die Erziehung der Kinder wird für die Eltern keine schwere Sorge mehr sein. Der Staat und die Gemeinde werden sie für alle ärmeren Eltern übernehmen und die reicheren Leute werden ihren Kindern keine Erziehung geben, welche diese in Widerspruch setzt mit den Forderungen der Zeit und der Menschlichkeit.

Wenn erst der Krieg zwischen Menschen und Thieren aufgehört hat, wird derjenige zwischen den Menschen nicht lange mehr fort= gesetzt werden können. Friede wird auf der ganzen Erde walten. Die unermeßlichen Kräfte, welche jetzt die Vorbereitung auf den Krieg verschlingt, werden zum Wohle der Menschheit verwendet werden. Der Krieg wird keine Städte mehr zerstören, keine Fluren zerstampfen, keine Wittwen und Waisen mehr schaffen. Willkür= herrschaft wird unmöglich, Wohlstand, Bildung und Freiheit allge= mein sein.

Zweites Buch.

Die Tragweite der vegetabilischen Lebensweise.

§. 17. Vorbemerkung.

Von den vielen Millionen Fleisch essender Menschen haben sich sehr wenige die Frage vorgelegt: hat der Mensch das Recht, Thiere zu töbten, um deren Fleisch zu verzehren? wie wirkt die Fleisch= Nahrung auf Menschen und Thiere und wie die Pflanzenkost?

Aber auch von den wenigen Tausenden, welche in neuerer Zeit aufgehört haben, Fleisch zu essen und sich mit der Pflanzenkost be= gnügen, sind sich wohl die wenigsten der ganzen Tragweite dieser Lebensweise bewußt geworden.

Nicht blos die körperliche Beschaffenheit des Menschen und des Thieres, sondern in weit höherem Maße die sittliche und intellectuelle Befähigung und Entwickelung des Menschen sind dabei betheiligt.

Wir dürfen uns nicht wundern, daß die ganze Rotte von Schlemmern, welche Essen und Trinken und überhaupt sinnlichen Genuß für den Zweck ihres Lebens halten, sich gegen die Beschrän= kung ihrer Eß= und Trinkgelage auflehnen. Die große Masse der schläfrigen Alltagsmenschen findet sich in ihrer Trägheit gestört durch die Zumuthung, die wir an sie richten, über die Fragen nachzudenken, welche ihr Gaumen längst für sie entschieden hat.

Allein wer sich von der Fleischkost losgesagt und aus Ueber= zeugung die Pflanzenkost vorgezogen hat, wird sich die Mühe nicht verbrießen laſſen, zu unterſuchen, wie ſich die neue Lebensweiſe zu den Anſchauungen verhalten, welche der Fleiſchkoſt zu Grunde liegen? Es handelt ſich dabei nicht blos um Wohlſchmack, körperliche Geſundheit und geſelliges Leben. Die Ernährungsweiſe des Menſchen greift ein in das Gebiet der National-Oekonomie, mehr oder weniger kommt ſie in Berührung mit allen vier Facultäten, mit Kunſt und Wiſſenſchaft, mit Krieg und Frieden.

§. 18. Wie verhält ſich die vegetabiliſche Lebensweiſe zum Materialismus unſerer Zeit?

Der engliſche Dichter Pope ſagt irgendwo:

man wants but little here below,
nor wants this little long

oder deutſch: der Menſch braucht nur wenig hier auf Erden, und dieſes wenige braucht er nicht lang.

Wenn wir uns aber im Leben umſehen, ſo brauchen die meiſten Menſchen ſehr vieles. Sie brauchen vor allen Dingen viel Fleiſch dann um es verbauen zu können, viel Bier und Wein und Branntwein, endlich viel Tabak, wenigſtens 8 Stück Cigarren des Tages nach preußiſchem Muſter.

Frägt man aber einen ſolchen viel brauchenden Menſchen nach den Gründen dieſes Verbrauchs, ſo weiß er nichts zu deſſen Rechtfertigung beizubringen, als den Hinweis auf die allgemeine Gewohnheit. Dieſer Hinweis würde unter Menſchenfreſſern das Verzehren von Menſchenfleiſch, unter Molochanbetern den Molochsdienſt, unter Mördern den Mord und unter Räubern den Raub rechtfertigen. Er beweiſt zuviel und folgeweiſe nichts. Die vegetabiliſche Lebensweiſe welche dem hergebrachten Fleiſcheſſen entgegentritt, erwirbt ſich ſchon dadurch ein Verdienſt, daß ſie den ſtumpfſinnig dahinlebenden und eſſenden Menſchen auffordert, ſich die Frage vorzulegen: haſt du ein Recht, Thierfleiſch zu eſſen und wirſt du durch dieſe Lebensweiſe in deiner Geſundheit, deinem körperlichen und geiſtigen Wohlbefinden gefördert?

Das Thierfleiſch ſteht in allen Beziehungen dem Menſchenfleiſch weit näher als die Pflanzenkost und folgeweise steht derjenige, welcher sich vom Thierfleisch ernährt, dem Menschenfresser weit näher, als dem Pflanzenesser.

Wenn dessen ungeachtet die Aerzte sich in ihrer überwiegenden Mehrzahl zu Gunsten der Fleischkost aussprechen, so ist dieses nur in sofern erklärlich, als die meisten derselben brodlos würden, falls die Menschen aufhörten Fleisch zu essen, denn gewiß sind 9/10 der Krankheiten auf den Fleischgenuß zurückzuführen.

Die meisten Menschen leben wie ihre Eltern, Verwandte und Freunde um sie her, ohne jemals selbständig zu forschen, ob ihre Lebensweise sittlich, gut und verständig sei?

Jemehr sich aber der Mensch von dem uns vorschwebenden Urzustand, d. h. von dem Zustande ursprünglicher Einfachheit, von dem Zustande der Beschränkung auf das aller nothwendigste entfernt hat, um so nothwendiger wird eine vorurtheilsfreie Prüfung der Frage, ob der gegenwärtige Zustand ein vernunftgemäßer sei.

Man klagt allgemein über die materialistische Richtung, die Genußsucht unserer Zeit. Ihr kann gewiß nur dadurch Halt geboten werden, daß man an sie einen kritischen Maßstab legt, daß man frägt: in wiefern ist sie berechtigt, in wiefern nicht, und was sind die Folgen unberechtigter Genüsse?

Der erste Vortheil der vegetabilischen Lebensweise besteht daher darin, daß er den in den Tag hineinlebenden gedankenlosen Fleischesser auffordert, nachzudenken.

Natürlich fehlt es dem Schlemmer nie an Scheingründen, seine Lüsternheit zu entschuldigen, oder zu rechtfertigen. Allein er wird doch in seinem Alltagsleben unterbrochen, er wird zu einer gewissen geistigen Thätigkeit genöthigt, wenn er sich veranlaßt sieht, dasjenige, was er Zeitlebens gedankenlos geübt, zu vertheidigen.

Wenn er dann seine Lebensweise mit derjenigen des Vegetarianers vergleicht, muß er, ob er will oder nicht, früher oder später, zugestehen, daß die Pflanzenkost Vorzüge vor der Fleischkost voraus habe.

Dem Reichen ist es zwar ziemlich gleichgültig, wenn man ihm beweist, die Pflanzenkost sei billiger als die Fleischkost, allein für den Armen ist dieses eine Lebensfrage.

Der Gesunde glaubt gewöhnlich dem Vegetarianer nicht, wenn

dieser die Pflanzenkost die allein naturgemäße Nahrung des Menschen nennt. Allein wenn ein Mensch längere Zeit an Verdauungs= beschwerden, Andrang des Blutes nach dem Kopfe, oder gar Lungen= schwindsucht gelitten hat, wird er doch bisweilen sein Ohr der Stimme der Vernunft öffnen.

Der frivole Alltagsmensch, welcher nie daran denkt, seine Pflichten der Mitwelt gegenüber zu erfüllen, entgegnet dem Vegetarianer, welcher von den Pflichten spricht, die der Mensch auch den Thieren gegenüber habe, man solle vor allen Dingen die Pflichten dem Menschen gegenüber erfüllen. Allein wenn er die Härte anderer Menschen selbst empfinden muß, wird er doch bisweilen auf den Gedanken geführt, daß der Mensch, welcher gegen sein Thier grau= sam zu sein pflege, gegen seinen Mitmenschen unmöglich sanft, mild oder auch nur gerecht sein könne.

Die Ernährungsweise eines Menschen bildet immer die Grund= lage seines Verhaltens zu den Mitmenschen.

Wer sich selbst so viele Bedürfnisse angeeignet hat, daß es ihm schwer wird, dieselben zu befriedigen, kann schon aus diesem Grunde für die Menschheit nichts mehr thun. Wer nicht damit anfängt, an sich selbst zu sparen, dem bleibt weder Zeit noch Kraft übrig, für irgend eine Idee in die Schranken zu treten.

Die vegetabilische Lebensweise, welche den Menschen von zahl= reichen naturwidrigen Bedürfnissen befreit, hält von ihm nicht blos die verderblichen Folgen derselben ferne, sondern setzt ihn auch in den Stand, einen Theil seiner Zeit und seiner Kraft dem Dienste der Menschheit zu weihen.

Es ist doch traurig, wenn sich der Mensch am Ende seiner Tage eingestehen muß, er habe nur für seine oder der Seinigen körperliche Bedürfnisse gelebt. Die körperlichen Bedürfnisse des Vege= tarianers sind so geringe, daß er von vorn herein vieler Sorgen der Fleischesser, Tabakraucher, Bier= und Weintrinker überhoben ist. Sein Geist, auf welchem nicht die Sorge für so viele unnatürliche Bedürfnisse lastet, bleibt frei. Die Schwungkraft seiner Seele wird nicht schon vor der Zeit gelähmt. Sein Muth wird durch die Angst, der Brodkorb möchte ihm höher gehängt werden, nicht in jüngeren Jahren schon gebrochen.

Fragen wir aber, woher kommt es, daß in unseren Tagen so wenige Menschen einen unerschütterlichen Charakter besitzen, so ist meine Antwort, weil sie die Sklaven ihrer unnatürlichen Bedürfnisse sind, und weil diese Sklaverei sie zu jeder anderen Sklaverei willig macht.

Wer daher ein freier Mensch im sittlichen Sinne des Wortes sein will, der schüttele bei Zeiten alle unnatürlichen Bedürfnisse ab und beschränke sich auf diejenigen, welche die Natur ihm wirklich und nicht blos in der Einbildung mitgegeben hat. Seine wirklichen Bedürfnisse zu befriedigen, wird ihm immer leicht werden. Aber die Befriedigung eingebildeter, in der That aber naturwidriger Bedürfnisse ist nicht blos mit großen Opfern an Zeit und Kosten verbunden, sondern untergräbt auf immer die frische Kraft der Natur.

Darum: weg mit allen naturwidrigen, eingebildeten Bedürfnissen! Es lebe die Einfachheit und mit ihr zugleich, die reine Pflanzenkost!

§. 19. Wie verhält sich die Pflanzenkost zum Wohlschmack und zu der Gesundheit?

Der Mensch soll sich seines Lebens freuen. Er soll diese schöne Erde nicht betrachten als ein Jammerthal, vielmehr soll er sich bemühen, sie zu einem Paradiese umzugestalten. Alle Beziehungen des Lebens sollen ihm Genuß bringen: die Tafel, das Bett, das Geschäft, das gesellige Leben, Kunst und Wissenschaft. Allein das wird ihm nur gelingen, wenn er auf dem richtigen Wege geht und Maß zu halten versteht. Verirrt er sich in das Labyrinth der Unnatur, oder überschreitet er die ihm durch die Natur gesetzten Schranken, so erreicht er sein Ziel nicht und überdieß wird ihm der Genuß früher oder später verbittert.

Unter den verschiedenen Beziehungen des Lebens, aus welchen wir Genuß abzuleiten berechtigt sind, nimmt das Essen und Trinken eine hervorragende Stellung ein. Der gesunde Mensch, welcher genießt, was ihm zuträglich ist, wird beim Essen und Trinken immer angenehme Empfindungen haben. Allein nur zu häufig verläßt der Mensch auch bei Speise und Trank den Weg, den ihm die Natur

vorgezeichnet und das Maß, und das Ziel, welches sie ihm angedeutet
hat. Wie die Natur an jede normale Verrichtung Wohlbehagen, so
hat sie an jede abnorme Unbehagen, Schmerz, Krankheit, Siechthum
und am Ende gar den Tod geknüpft.

Nur zu häufig bekümmert sich der Mensch nicht um die Finger=
zeige der Natur. Er ißt und trinkt ohne alle Rücksicht auf seine Ge=
sundheit, er begründet Lebensgewohnheiten, welche durchaus naturwidrig
sind, glaubt durch Arzneien das gestörte Gleichgewicht seiner körper=
lichen Organe herstellen zu können, während doch nur die Rückkehr
zum Pfade der Natur ihn herstellen könnte.

Es kömmt nicht blos darauf an, viele mit Wohlschmack ver=
sehene Stoffe zu sich zu nehmen. Wer sich einen Genuß verschaffen
will, braucht dazu immer zwei Voraussetzungen: 1) die Fähigkeit
zum Genusse und 2) den Gegenstand, welcher denselben vermitteln
soll. Die Fähigkeit zum Genusse bewahrt sich der Mensch nur, wenn
er seine Organe frisch und kräftig erhält und dieses ist hinwiederum
durch eine naturgemäße Lebensweise bedingt.

Wer daher gar keine höheren Bestrebungen im Auge hat und
nur daran denkt, sich das Leben so genußreich als möglich zu machen,
thut wohl, zu fragen: welche Lebensweise erhält mir meine Gesund=
heit frisch? Die Antwort auf diese Frage findet sich in jedem Para=
graphen dieses Buches. Wer ein genußreiches, schmerzenfreies Leben
haben will, hüte sich vor der Fleischkost, vor Unmäßigkeit, vor Giften
und schlechter Luft, er genieße Pflanzenkost, würze seine Speisen mit
Salz und Zucker, und trinke Milch! Wenn er jene verderblichen
Stoffe vermeidet und sich mit dieser naturgemäßen Nahrung begnügt,
wird er sich einer frischen Gesundheit erfreuen, zu jedem Mahle
eine frische Eßlust mitbringen und folgeweise dabei mehr Genuß haben,
als wenn er weit kostbarere, aber naturwidrige Gegenstände genöße.

Ich kann in dieser Beziehung aus Erfahrung sprechen. Als
junger Mensch vom 21. bis 24. Jahren war ich beim deutschen
Bundestage zu Frankfurt a. Main angestellt. Ich speiste an den
Tafeln der Diplomaten, und obgleich ich von Natur keine Neigung
zur Schlemmerei besaß, nahm ich eben doch an den Genüssen Theil,
welche in meinem gesellschaftlichen Kreise üblich waren. Jetzt bin
ich 63 Jahre alt geworden. Gewöhnlich nimmt man an, daß Speise

und Trank in diesem Alter nicht mehr so viel Genuß bieten, als in der frischen Jugend. Allein ich kann mit voller Wahrheit versichern, daß ich jetzt bei meiner einfachen Pflanzenkost einen weit größeren Genuß habe, als früher bei den verschwenderischen Mahlzeiten der Frankfurter Diplomaten. Ein Glas frischen Wassers oder eine Schale Milch bringt mir größeres Behagen, als früher ein Glas Champagner oder Tokaier. Allein meine einfache Lebensweise bietet mir nicht blos größeren Genuß, als die verschwenderische, naturwidrige vergangener Zeiten, sondern auch, was die Hauptsache ist, eine weit größere Fülle der Kraft. Schon die Epicuräer des Alterthums kannten diese Grundsätze und verkündeten sie laut im Interesse nicht sowohl höherer Ideen, als zum Zwecke die Genüsse dieser Erde möglichst lang und frisch zu erhalten. Wer daher keinen Sinn hat für Erweiterung seines sittlichen und intellectuellen Gesichtskreises, keinen Sinn für Einfachheit, Mäßigkeit, Reinlichkeit und Nüchternheit, wer den Genuß als höchstes Ziel seines Strebens betrachtet, der bedenke wohl, daß er dieses nicht erreichen könne, wenn er sich von den Pfaden der Natur entfernt.

§. 20. Wie verhält sich die Pflanzenkost zum geselligen Leben?

Es ist nicht zu leugnen, daß wer seinen Genuß darin findet, jeden Abend bei Bier oder Wein, Tabak und schwüler Luft im Wirthshause zuzubringen, für die Pflanzenkost keine Neigung haben wird. Im gegenwärtigen Augenblicke, da in der civilisirten Welt Jedermann, mit seltenen Ausnahmen, Fleisch ißt, Tabak raucht und Alkohol trinkt, hat derjenige, welcher die Natur der Unnatur vorzieht, schwere Kämpfe zu bestehen. Der Mensch ist nicht geschaffen, um allein zu sein, namentlich der junge Mann kann zu keiner vielseitigen Bildung gelangen, wenn er sich von der Welt um ihn her zurückzieht. Der Anhänger der natürlichen Lebensweise wird sich aber bei dem Geruche von Fleischspeisen, Bier und Branntwein und beim Dampfe des Tabaks sehr unbehaglich fühlen.

Noch widerlicher, als die physische Atmosphäre wird ihm oft

die geistige erscheinen. Allein gerade dieser Widerwille wird ihn von roher und gemeiner Gesellschaft fern halten. Tausende von Versuchungen, welche so oft einen schwachen jungen Menschen zu Grunde richten, werden dem Pflanzenesser ferne bleiben, weil er schon durch die Außerlichkeiten roher und gemeiner Menschen abgestoßen wird und daher sie meidet.

Uebrigens wäre es Unrecht, alle Fleischesser, Alcoholtrinker und Tabakraucher in gleicher Weise verdammen zu wollen. Waren doch wir alle, die wir jetzt der natürlichen Lebensweise huldigen, einst auch Fleischesser. Viele von uns haben Bier, Wein und Branntwein getrunken und Tabak geraucht. Darum hatten wir doch die Keime eines edleren Strebens in unserer Seele. Eben dieses gilt aber auch von Tausenden unserer Mitmenschen, welche jetzt noch auf der großen Heerstraße des Alltaglebens wandeln.

Der Verkehr mit diesen ist den Pflanzenessern unentbehrlich. Es wäre im höchsten Grade lieblos, wenn wir uns von den Menschen um uns her abwenden wollten, weil diese die Lebensgewohnheiten noch haben, welche wir vor 3 Monaten, vor 1 Jahre, einem Jahrzehnte, oder selbst vor 36 Jahren abschüttelten. Gerade im Kampfe mit unsern Gegnern stählt sich unsere Kraft. Allerdings ist es eine fast unvermeidliche Folge unserer Lebensweise, daß wir, wo wir uns zeigen, gezwungen sind, unsere Grundsätze zu vertheidigen. Rohe Menschen werden uns mit Rohheit, Spötter mit Spott, Alltagsmenschen mit leeren Redensarten angreifen.. Allein gerade indem wir uns aller dieser Angriffe erwehren, entwickelt sich unser Geist und unser Charakter zu höherer Kraft. Jedermann sucht, wie man sich auszudrücken pflegt, uns etwas am Zeuge zu flicken. Wir haben daher einen doppelten Sporn, uns stets so zu benehmen, daß man uns mit Recht nichts vorwerfen könne.

So schlimm als die Stellung der Freunde der natürlichen Lebensweise vor 36 Jahren war, ist sie jetzt doch nicht mehr. Jetzt haben sich zahlreiche Freunde derselben da und dort in Vereine zusammengethan. Eine bedeutende Literatur ist entstanden, welche Zeugniß dafür ablegt, es handle sich hier nicht um eine Marotte oder eine Abgeschmacktheit. Auf dem Grunde der natürlichen Lebensweise ist jetzt schon mehr als eine Freundschaft entstanden, welche festere

Wurzeln geschlagen hat, als die Gemeinschaft in Angelegenheiten der Fleischkost, des Bieres und des Tabaks erzeugen kann. Hier ist ein Feld des Strebens, welches voraussichtlich in alle Kreise der Gesellschaft eingreifen und viele Jahrzehnte, vielleicht Jahrhunderte ausfüllen wird.

§. 21. Wie verhält sich die Pflanzenkost zur Erziehung?

Die Aufgabe der Erziehung besteht darin, aus dem Kinde einen kräftigen, denkenden und sittlichen Weltbürger zu bilden. Doch wie viele Erzieher sind sich ihres hohen Berufes bewußt? Gewöhnlich sind sie selbst Sklaven ihrer Vorurtheile und nehmen Theil an der allgemein herrschenden Gedankenlosigkeit. Wenn sie ihren Zöglingen überlegen sind an Kenntnissen, so wohnt in diesen nicht selten ein richtigeres Gefühl, ganz abgesehen davon, daß die Kinder noch frei sind von den vielen Verkehrtheiten, welche sich im Laufe der Jahrhunderte im Schooße der sogenannten civilisirten Völker eingebürgert haben.

Wiederholt haben wir darauf hingewiesen, wie wichtig die Ernährungsweise für die Entwicklung des Menschen ist. Das Kind bringt einen noch unverdorbenen Nahrungstrieb auf diese Erde mit. Es trinkt gerne Milch, ißt gerne Obst und die meisten Gaben des Pflanzenreiches. Allein nur zu häufig wird es von den Eltern gezwungen, Fleisch zu essen. Das Kind liebt die zahmen Hausthiere. Es spielt mit dem Kälbchen oder mit dem Lamme, welches in seiner Nähe zur Welt kam. Es macht ihm Freude, Hühner, Enten und Gänse zu füttern und dem Fluge der Tauben zuzusehen. Allein mitten in seinen freundlichen Verkehr mit der Thierwelt greifen Vater und Mutter hinein. Das Kalb oder das Lamm, mit welchem das Kind zu spielen pflegte, werden an den Schlächter verkauft. Mit Thränen in den Augen folgt das Kind dem Thiere, welches so viel zu seiner Erheiterung beizutragen pflegte. Das Kind muß zusehen, wie die Mutter in den Hühnerhof hineintritt und ein Huhn, eine Ente oder eine Gans, welche es so oft mit Jubel gefüttert hatte, ergreift und dem armen Thiere den Hals abschneidet. Dem Kinde

widerstrebt es, von dem Fleische des Thieres zu essen, an dessen
Sprüngen es sich so oft ergötzt und das ihm zutraulich aus der
Hand gefressen hatte. Doch die Eltern beobachten die Abneigung des
Kindes nicht, es muß von derselben Speise essen, wie Vater und
Mutter und erleidet wohl gar Strafe, wenn es seine Weigerung
fortsetzt.

Ein sanfter Erzieher würde die Abneigung des Kindes wohl begründet finden, ein benkender Vater würde sich bemühen, die Gründe
zu entdecken, welche dem Kinde Widerwillen gegen die Fleischkost ein-
flößen. Allein mächtiger, als die Regungen der Sanftmuth und
des Denkvermögens ist meistentheils die alltägliche Gewohnheit des
Fleischessens.

Statt den Verstand und das sittliche Gefühl des Kindes in
seinem Verhältniß zu der Thierwelt zu entwickeln, und dieses Verhältniß zur Grundlage der Beziehungen desselben zu seinen Mitmenschen
zu machen, werden die richtigen Gefühle des Kindes erstickt und
sein Denkvermögen entweder zur Ruhe verwiesen oder geradezu
verkehrt.

Es wäre für die Erziehung so wichtig, die Aufmerksamkeit des
Kindes frühzeitig den Fingerzeigen der Natur zuzulenken, es daran
zu gewöhnen, sich Rechenschaft von den Gedanken und Gefühlen zu
geben, welche die täglichen Bedürfnisse in ihm anregen. Allein statt
das Verhältniß des Kindes zu seinen täglichen Bedürfnissen und zu
der dasselbe umgebenden Thierwelt zur Bildung der Gefühle und
des Verstandes des Kindes zu benützen, sind die Eltern, welche an
Fleischkost gewöhnt, gezwungen, der Gefühlswelt des Kindes Gewalt
anzuthun und seinen Verstand entweder brach liegen zu lassen, oder
zu verkehren. Die Art und Weise wie das Thier von Vater und
Mutter behandelt wird, dient dem Kinde als Muster für sein Benehmen dem Menschen gegenüber. Der Eigennutz bestimmt das Verhältniß der Eltern zum Thiere. Der Eigennutz wird daher dem
Kinde auch in seinem Verhältniß zu den Mitmenschen als Lebens-
regel eingeflößt.

Wer das Recht des Thieres auf das Leben nicht beachtet, kann
natürlich auch in andern untergeordneten Beziehungen nicht gerecht
oder milde gegen das Thier sein. Grausamkeiten und Härten gegen

die Thierwelt kommen täglich und stündlich vor. Auch in dieser Beziehung überträgt das Kind nur zu leicht die Gewohnheiten, welche es in seinem Verhältnisse zur Thierwelt annimmt, auf seine Beziehungen zu den Mitmenschen. Wer in einer Beziehung den Eigennutz, die Hartherzigkeit oder auch uur die Gedankenlosigkeit zur Regel seines Lebens gemacht hat, wird diese unwillkürlich auch auf andere Beziehungen ausdehnen und der Mensch wird zu leiden haben, weil das Thier durch ihn früher gelitten hat.

Auf diese Weise wirkt die Fleischkost in ihren Voraussetzungen und Folgesätzen verderblich auf die Entwicklung des Körpers, des Verstandes und der Sittlichkeit des Kindes, während das System der Pflanzenkost den Körper von naturwidrigen Nahrungsmitteln, den Geist von Gedankenlosigkeit und das Gemüth von Härte und Rohheit freigehalten haben würde. Nichts macht uns anschaulicher die allgemein herrschende Gedankenlosigkeit und den allgemein verbreiteten Eigennutz, als die Fleischkost. Wir können einen großartigen Aufschwung der Menschheit nicht hoffen, so lange sie noch eine so große Rolle unter den Nahrungsmitteln der Völker spielt.

§. 22. Wie verhält sich die Pflanzenkost zur National-Oekonomie?

Jeder Uebergang von einem Zustande zum andern ist mit gewissen Schwierigkeiten verbunden. Dieses ist namentlich der Fall, wenn es sich darum handelt, tausendjährige und allgemein verbreitete Gewohnheiten abzuschütteln. Hätte die Menschheit dazu nicht die Kraft besessen, so wäre der Uebergang vom Heidenthum zum Christenthum, von der Jagd zum Ackerbau, überhaupt von thierischer Rohheit zu einer gewissen Bildung unmöglich gewesen. Alle diese Uebergänge hatten mannigfaltige Kämpfe in ihrem Gefolge, welche vielen Tausenden einigen Schaden, ungezählten Millionen aber außerordentliche Vortheile brachten.

So wird auch der Uebergang von der Fleischkost ohne mannigfaltige Störungen nicht stattfinden können. Die große Mehrzahl der Menschen hält gewöhnlich an veralteten Vorurtheilen fest. Sie wehrt sich, nicht selten mit sinnloser Wuth, gegen Aufklärung und Vernunft, und es vergehen oft Jahrhunderte, bevor eine neue Segen spendende Idee sich Bahn gebrochen hat.

Wir dürfen uns daher nicht wundern, wenn auch wir, welche gegen die Nachtheile der Fleischkost und für die Vortheile der Pflanzenkost einstehen, gehässige Gegner finden. Der Gewinn, welcher der ganzen Menschheit aus der Annahme der Pflanzenkost und der Verwerfung der Fleischkost erwachsen wird, ist aber so groß und so bestimmt nachweisbar, daß unser endlicher Sieg keinem Zweifel unterliegt. —

Die Pflanzenkost ist der Gesundheit weit zuträglicher und wohlfeiler, als die Fleischkost. Bei sonstiger Gleichheit der Verhältnisse ist daher der Pflanzenesser im Stande, in derselben Zeit mehr zu arbeiten, als der Fleischesser und seine Arbeiten länger fortzusetzen. Er kann nicht blos selbst wohlfeiler leben, sondern auch seine Familie mit geringern Kosten ernähren. Auf die Dauer kann der Fleischesser mit dem Pflanzenesser niemals concurriren. Der Pflanzenesser kann seine Waare wohlfeiler produciren und daher auch wohlfeiler verkaufen, als der Fleischesser, ganz abgesehen davon, daß dieser weit mehr der Gefahr ausgesetzt ist, zu viel und schädliches zu genießen, als der Pflanzenesser.

Diese Vortheile sind von so hoher Bedeutung, daß im Verhältniß zu denselben die Schwierigkeiten des Uebergangs und selbst der Kampf mit den die große Mehrzahl bildenden Fleischessern nicht in Betracht kömmt.

Allerdings wird die National-Oekonomie unserer Tage durch den Uebergang von der Fleischkost zur Pflanzenkost in ihren Grundfesten erschüttert, allein dieses war auch der Fall, als die Nomaden anfingen, Ackerbau zu treiben und die Jäger kein Wild mehr fanden. Die Reste früherer Barbarei werden abgeschüttelt werden. Alle Barbaren oder Halbbarbaren werden sich dagegen mit der ihnen eigenthümlichen Rohheit wehren. Allein das Resultat wird sein, daß der Boden, welcher unter dem Einflusse der Fleischkost nur einen Menschen ernährte, bei dem ausschließlichen Genusse der Pflanzenkost, deren fünf ernähren wird. Liebig nimmt sogar an, daß die Fleischkost zwölfmal kostspieliger sei, als die Pflanzenkost.

Die Gewerbe, welche auf Blut und Eisen, d. h. auf der Töd=
tung der Thiere beruhen, werden eingehen,, andere werden wesent=
liche Aenderungen erleiden. Allein da es sich hier nicht handelt um
eine Aenderung, welche von oben herab commandirt, sondern welche
von unten herauf durchgeführt wird, muß sich der Uebergang von
dem alten zu dem neuen Zustand so langsam verwirklichen, daß nie=
mand, welcher mit offenen Augen die Welt um sich her betrachtet,
dadurch in dauernden Schaden kommen kann. In demselben Maße,
als die Ueberzeugung von der Verderblichkeit der Fleischkost sich aus=
breitet, wird die Nachfrage nach derselben abnehmen, allein in gleichem
Verhältnisse wird die Nachfrage nach der Pflanzenkost zunehmen.
Die größere Wohlfeilheit der letzteren wird den ärmeren Klassen sehr
zu statten kommen.

Gehen wir von diesen allgemeinen Andeutungen zu den einzel=
nen Zweigen der National=Oekonomie über. Beginnen wir mit der
Jagd! In derjenigen Weise, wie diese Angelegenheit jetzt betrieben.
wird, muß sie unter dem Einfluß der Pflanzenkost künftig ganz auf=
hören, d. h. auf der einen Seite werden die wilden Thiere nicht
künstlich gehegt, aber auf der anderen Seite auch nicht bloß zum
Vergnügen getödtet werden. Das Gesetz der Selbsterhaltung wird
an die Stelle der Wildschadensgesetze treten und wird diese letzteren
bald überflüssig machen, zugleich aber auch dem Jagdvergnügen ein
Ende bereiten. Die Jagd wird beschränkt werden auf diejenigen
Ländereien, welche noch nicht in Cultur stehen und deren Beute wird
nur noch verzehrt werden von Barbaren.

Die Zucht der Thiere, welche jetzt geschlachtet werden, wird sich
der Zucht unserer Pferde und Hunde annähern, welche auch mit Vor=
theil betrieben wird, ohne daß, Ausnahmen abgerechnet, Pferde= und
Hundefleisch ein gebräuchlicher Artikel geworden wäre.

Erforderlichen Falles wird die Landwirthschaft weniger Gras
oder überhaupt sog. Futterkräuter und dafür mehr Getreide und
Obst, oder überhaupt mehr Nahrungsmittel für den Menschen bauen.
Für wahrscheinlicher halte ich es aber, daß, wie alle übrigen Zweige
der Landwirthschaft, so auch die Viehzucht, einen Aufschwung nehmen
wird. —

Das Handwerk der Metzger wird allmälig ganz eingehen und

dasjenige der Köche und Köchinnen und das Gewerbe der sog. Re=
stauranten wird sich wesentlich verändern. Die Schlachthäuser wer=
den niedergerissen, und die Läden, in welchen jetzt Fleisch zum Ver=
kauf ausgeboten wird, werden eingehen. Das Blut der geschlachteten
Thiere wird nicht mehr durch die Straßen der Städte und Dörfer
fließen und dieselben verpesten. Dafür werden die Bäcker mehr zu
thun bekommen und deren Läden sich vergrößern.

Das Leder wird ohne Zweifel so stark als früher gesucht sein,
und wenn die Häute in nächster Gegend weniger häufig werden
sollten, so wird Amerika wohl noch für lange Zeit mit den seinigen
aushelfen können.

Die Fabrikation im Allgemeinen wird einen großartigen Auf=
schwung nehmen, denn deren Blüthe ist hauptsächlich bedingt durch
Wohlfeilheit der Lebensmittel und starken Absatz. Tausende von
Gulden, welche jetzt auf das Fleisch verwendet werden, werden unter
dem Einflusse der Pflanzenkost auf Wohnung, Kleidung und Bil=
dung des Geistes verwandt werden. Aber freilich werden die Brannt=
weinbrennereien und Bierbrauereien schwerlich mehr so schwunghaft,
als bisher betrieben werden. Auch die Tabakscultur wird aufhören
und ihren Boden dem Getreidebau überlassen müssen.

Die Cigarrenmacher und Tabaksfabrikanten werden sich nach
anderen Beschäftigungen umsehen müssen. An solchen wird es für
sie nicht fehlen.

Die Zahl der Trunkenbolde und Raucher wird sich vermindern,
eine neue Generation rüstiger, schöner und langlebiger Menschen wird
entspringen und alle widerlichen Erscheinungen, welche mit Tabaks=
dampf und Bier= und Branntwein=Trinken zusammenhängen, werden
aufhören oder doch sehr abnehmen.

Dasjenige Volk oder derjenige Landestheil, welcher sich zuerst
von der Pest der Fleischkost losmacht, wird sich zuerst die Vortheile
der Pflanzenkost aneignen; d. h. sich eines verbesserten Gesundheits=
zustandes, einer erhöhten Arbeitskraft, einer gesteigerten Produktion
und folgeweise eines schwunghaftern Handels erfreuen, während die=
jenigen Nationen oder Gegenden, welche länger an der Fleischkost
festhalten, alle die Nachtheile desselben um so empfindlicher zu erlei=
den haben werden. Sie werden in Armuth, Krankheit und Stumpf=

finn verkümmern, während ihre aufgeklärteren und strebsameren Nach=
barn ihnen auf allen Gebieten des Lebens vorankommen werden.

Auch Kunst und Wissenschaft werden durch die Beseitigung der
Fleischkost und die ausschließliche Annahme der Pflanzenkost gehoben
werden. Bilder roher Jagdfreuden werden nicht mehr gesucht sein
und die Wissenschaft wird sich nicht mehr in den Sold der Schläch=
ter begeben, um diesen einen großartigen Absatz zu verschaffen.

Wenn erst der Krieg zwischen Menschen und Thier aufgehört
hat, wird auch Frieden werden zwischen den Menschen. Die Frie=
bensheere, welche jetzt das Mark der Völker verzehren, werden über=
flüssig sein, und wir werden uns jenem Zustande annähern, welches
von den Griechen das goldene Zeitalter, von den Römern das Pa=
rabies und von den Christen das Millenium genannt wird.

Die Geschäfte der Apotheker, Aerzte und Todtengräber werden
weniger schwunghaft gehen, die Hospitäler und Badeorte werden nicht
mehr von Kranken überfüllt sein, allein die Armuth wird abnehmen
und die Gesundheit wird zur Regel, die Krankheit zur seltenen Aus=
nahme werden, während jetzt die Armuth eine so große Rolle im
Völkerleben spielt und die Regel Unwohlsein, vollkommenes Wohl=
sein die Ausnahme ist.

Die National=Oekonomie wird Theil nehmen an der Wieder=
geburt der Menschheit. Sie wird die Sittlichkeit mit aufnehmen in
ihr Bereich und nicht mehr blos mit Zahlen, sondern auch mit kör=
perlichen, geistigen und moralischen Bedürfnissen rechnen.

Die Menschen werden von den Finanzleuten nicht mehr blos
als Steuerzahler, von den Juristen nicht mehr blos als Subjekte
von Prozessen, von den Aerzten nicht mehr blos als Patienten, und
von den Theologen nicht mehr blos als zu rettende Seelen, sondern
als Wesen mit natürlichen Bedürfnissen angesehen werden, deren Be=
friedigung zu erleichtern die Aufgabe der Mitmenschen und zumal des
Staates ist.

Gewisse Leute, die freilich in der National=Oekonomie sehr
schwach sind *), muthen uns zu, weil die Bewohner der Polargegenden

---

*) Beobachter aus Schwaben vom 20. November und 10. Dezember
1868.

nur Seehunde oder Fische zu ihrer Nahrung haben, oder weil die Hasen viele Junge setzen, Fleisch zu essen. Allein wenn wir Alles essen müssen, was die ärmsten und rohesten Völker genießen, so müßten wir uns nach den Barbaren richten. Die Logik, welche den Barbaren zumuthet, sich umgekehrt nach dem Muster civilisirter Menschen zu verbessern, scheint mir die bessere zu sein. Wenn wir endlich alle diejenigen Thiere essen müßten, die sich stark vermehren, so könnten wir uns nicht enthalten, Frösche, Schlangen, Ungeziefer aller Art zu verzehren, was wir doch besser deren thierischen Feinden überlassen wollen. Es gibt aber freilich Leute, welche so sehr in ihren politischen Streitigkeiten vertieft sind, daß sie darüber nicht blos alle Menschlichkeit und Sittlichkeit, sondern auch allen gesunden Verstand verlieren. Diese Leute zu verbessern oder aufzuklären, geben wir uns keine Mühe, werden uns aber durch sie in unseren rein menschlichen Bestrebungen nicht aufhalten lassen. Daß das bezeichnete Blatt die Bedeutung der Pflanzenkost nicht erkennt und daher den darauf beruhenden Streit einen Sturm im Glase Wasser nennt, ist von demselben Blatte nicht anders zu erwarten. Wir sagen aber hier voraus, daß der Gegensatz zwischen Pflanzen- und Fleischkost noch seine hohe sittliche, ökonomische, medicinische und politische Bedeutung haben wird, wenn der Beobachter aus Schwaben längst der Vergessenheit anheim gefallen sein wird.

§. 23. Wie verhält sich die Pflanzenkost zur Theologie?

An und für sich besteht zwischen der Pflanzenkost und der Theologie gar kein Verhältniß. Die Theologie hat es mit dem Glauben und einer jenseitigen Welt, die Pflanzenkost mit dem Wissen und dieser schönen Erde zu thun. Allein die Theologie greift sehr gerne in Fächer über, welche ihr fremd bleiben sollten. Schon aus diesem Grunde ist eine Abwehr hier wohl am Platze. Schon weiter oben (§ 1. und § 11.) haben wir angedeutet, daß die Theologie in das Gebiet der Pflanzenkost einzugreifen geneigt ist. Die Theologie ist übrigens nicht auf das Christenthum beschränkt. Es gibt ebenso viele Theologien als Religionen. Wenn wir uns mit der Theologie überhaupt einlassen, so kommt nicht blos die christliche, sondern auch diejenige der Indier und Japanesen, oder überhaupt diejenige der Nichtchristen in Betracht. In den Religionsbegriff der Christen ist übrigens das System der Pflanzenkost, wenn auch nicht mit wissenschaftlicher Klarheit, doch auch einigermaßen eingedrungen. Was ist das Fasten anderes, als eine der Pflanzenkost dargebrachte Huldigung? Allerdings hat der Protestantismus das Fasten fast gänzlich abgeschüttelt. Am Charfreitag fasten aber doch auch noch viele Protestanten. In der römisch-katholischen und noch mehr in der griechischen Kirche sind die Fasttage zahlreich genug, um die Gläubigen daran zu erinnern, daß die Art und Weise der Ernährung auch in religiöser Beziehung ihre Bedeutung habe. Was am Freitage und an so vielen anderen Fasttagen gut ist, kann unmöglich an den anderen Tagen schlecht sein. Die Enthaltung, welche von der römischen und von der griechischen Kirche ihren Anhängern vorgeschrieben ist, wurde nur aus dem Grunde auf die übrigen Tage des Jahres nicht ausgedehnt, weil die Kirche es nicht wagte, wegen der Herzenshärtigkeit der Menschen diesen eine zu große Zumuthung zu machen. Die Vernunft, oder mit anderen Worten eine gesunde Philosophie trägt aber der Schwäche der Menschen eine derartige Rechnung nicht. Sie verkündet ihre Grundsätze ganz allgemein. Sie erkennt zwar auf keine Strafen, allein sie verweist auf den Causal-Zusammenhang zwischen Ursachen und Wirkungen und führt aus, daß die Uebertretung jedes Naturgesetzes Schmerz und Schaden in seinem Gefolge hat.

Das christliche Fastengesetz hängt ohne Zweifel zusammen mit den Religionsgrundsätzen der Indier, denen zufolge die höheren Kasten durchaus kein Fleisch genießen, die niederen Kasten aber so verachtet sind, daß die Mitglieder derselben sich bei schwerer Strafe einem Bramitten auf mehrere Schritte gar nicht nahen dürfen. In Japan besteht seit Jahrhunderten die sogenannte Sinto-Sekte, deren Mitglieder sich gleichfalls der Fleischkost enthalten.

Da wir es hier nur mit der Theologie zu thun haben, erwähnen wir nur diejenigen Thatsachen, welche in deren Gebiet einschlagen. Doch ist es bekannt, daß nicht blos die Schulen der Pythagoräer und Essäer Jahrhunderte hindurch sich der Fleischkost enthielten, sondern daß auch ganze Völker sowohl in Asien, als auf den Inseln Westindiens und Australiens sich der Fleischkost enthielten und theilweise noch enthalten.

Wenn sich die Theologie unserer Tage darauf verstünde, sich der Frage der Pflanzenkost zu bemächtigen, würde sie vielleicht eines neuen Aufschwunges fähig sein. So lange sie sich nur mit über= natürlichen Dingen, mit Glaubenssätzen, welche gar keine Beziehung zur Sittlichkeit oder zur Gesundheit der Menschen haben, beschäftigt, kann sie keine Begeisterung und Liebe erwecken. Das System der Pflanzenkost ließe sich mit der alten Kirchensatzung des Fastens in Verbindung bringen. Allein in unseren Tagen wirken nur Vernunft= gründe auf die Ueberzeugung der Massen. Gebote, für welche solche nicht angeführt werden, können den Umständen nach eingeschärft werden, allein sie bringen keinen Nutzen, wenigstens keinen solchen, der erhebend, reinigend und stärkend auf die Menschheit wirkt.

So konnte es kommen, daß Juden, welche die weisen Gesetze Mosis in Betreff des Schweinefleisches übertreten, und Christen, welche die Fastengesetze unbeachtet lassen, sich für besonders aufgeklärt halten. Nicht selten besteht bei Juden und Christen die ganze Auf= klärung in der dieser Handlungsweise zu Grunde liegenden Denkart. Es ist freilich sehr bequem, sich den Anschein der Aufklärung zu ge= ben, indem man dem Gaumen huldigt, und zu gleicher Zeit der Eitelkeit und der Schlemmerei zu fröhnen.

§. 24. Wie verhält sich die Pflanzenkost zum Rechte?

Unsere Gesetzgeber sind in ihrer Kunst nicht weiter gekommen, als daß sie entweder die bestehenden Zustände feststellten, oder nach dem Willen der Machthaber anders gestalteten. Dabei fielen ihre Blicke nur selten auf die ärmeren und arbeitenden Klassen, deren Interessen sie stets denjenigen der reichen und gebietenden Stände unterordneten. Es ist daher sehr erklärlich, daß die Machthaber bis zu den Thieren nicht hinab stiegen, vielmehr diese sich selbst und den Leidenschaften der Menschen überließen.

Die Rechtswissenschaft hat sich mit den Thieren so gut wie

gar nicht beschäftigt. In neuerer Zeit ist zwar viel von Thier=
quälerei die Rede gewesen. Da und dort sind auch Gesetze zum
Schutze der Thiere erlassen worden, allein sie wurden nicht von den
richterlichen, sondern von den Polizeibehörden, und zwar größtentheils
in höchst mangelhafter Weise gehandhabt.

Was können auch Gesetze gegen die Thierquälerei bewirken, so
lange selbst unter den Augen der Behörden die empörendsten Thier=
quälereien ungestraft verübt werden? Gewöhnlich geht es mit den
Gesetzen zum Schutze der Thiere, wie mit denjenigen zum Schutze
des Eigenthums, d. h. kleine Diebe hängt man, große läßt man
laufen.

Die Grundlage aller übrigen Rechte ist das Recht auf Leben.
Wer dieses nicht besitzt, kann wirksam gegen untergeordnete Grau=
samkeiten und Härten unmöglich geschützt werden. So lange die
Thiere geschlachtet und gejagt werden dürfen, blos um des Fleisches
willen, das sie auf dem Leibe tragen, ist es durchaus unmöglich,
eine Grenze zwischen erlaubten und unerlaubten Thierquälereien zu
ziehen.

Dennoch ist das Verhältniß des Menschen zum Thiere von
der höchsten Bedeutung, nicht sowohl im Hinblicke auf das Thier,
als auf den Menschen selbst. Das Thier ist schwach und nicht im
Stande, der Uebermacht des Menschen zu widerstehen. Die Art
und Weise, wie sich der Mensch dem Thiere gegenüber benimmt,
deutet uns daher an, wie der Mensch den schwächern Mitmenschen
zu behandeln pflegt. Wer in seinem eigenen Charakter, in seiner
Sanftmuth oder seinem Denkvermögen keine Schranke gegen wilde
Ausbrüche des Zornes oder die Ansprüche des Eigennutzes findet,
handelt gewöhnlich gegen seinen schwächeren Mitmenschen und gegen
das Thier mit gleicher Rücksichtslosigkeit. Wenn es daher nicht
gleichgültig ist, ob der Mensch in wilder Rohheit und schrankenlosem
Eigennutze heranwachse, oder sich frühzeitig selbst beschränken lerne,
so ist es klar, daß das Verhältniß des Menschen zum Thiere, wenig=
stens in seinen Grundzügen, durch die Gesetze bestimmt werden sollte.
Allerdings können wir bei dem jetzigen Stande der öffentlichen Mei=
nung nicht erwarten, daß das Recht des Thieres auf sein Leben
anerkannt werden sollte. Allein aus Rücksicht für die körperliche

und geistige Entwicklung des Menschen könnten doch, auch abgesehen von jenem Rechte, gewisse Grundzüge festgestellt werden.

Klare und feste Gesetzesbestimmungen mit durchgreifender Wirkung sind aber erst möglich, wenn die Fleischkost und mit ihr das Tödten der Thiere um ihres Fleisches willen abgekommen sein wird. In solcher Weise greift die Pflanzenkost auch in das Gebiet der Rechtswissenschaft hinein, und hebt diese auf eine höhere Stufe, indem sie dieselbe drängt, das wichtige Verhältniß zwischen Menschen und Thieren ins Auge zu fassen. Steht erst die Gesetzgebung auf dem Standpunkte, daß ihr Gesichtskreis auch die Thierwelt umfaßt, erhebt sie sich zu dem Gedanken, daß Grausamkeit gegen die Thiere und schrankenloser Eigennutz ihnen gegenüber den menschlichen Charakter überhaupt verderbe, und insofern die menschliche Gesellschaft mit Gefahren bedrohe, dann erst ist sie sich ihres hohen Berufes bewußt und wirkt sie großartig zum Zwecke der Besserung der Menschheit.

§. 25. Wie verhält sich die Pflanzenkost zur Heilkunde?

Seit vielen Jahren ist die Heilkunde augenscheinlich hinter den Bedürfnissen der Zeit zurückgeblieben. Nur so ist es zu erklären, daß neben der orthodoxen Allopathie so viele andere Systeme des Heilverfahrens: Homöopathie, Wasserkur, Traubenkur u. s. w. aufgetaucht sind. Das Beste an der Homöopathie ist ohne Zweifel, daß sie erstens die Uebel der Allopathie, deren schreckliche Mixturen vermeidet und zweitens sich der natürlichen Lebensweise in ihren diätetischen Vorschriften annähert. Eben dieses gilt mehr oder weniger von den meisten der übrigen Systeme des Heilverfahrens neuerer Zeit. Allgemein wird vermuthet, oder doch geahnt, daß das alte System des allopathischen Heilverfahrens wohl mehr Schaden als Nutzen stiftet. Wenn die Aerzte unserer Tage auf der Höhe der Zeit stünden, so würden sie gegen diejenigen Uebel zu Felde ziehen, aus welchen augenscheinlich die meisten Krankheiten entspringen. Allein die meisten Aerzte unserer Zeit sind selbst dem Materialismus so sehr verfallen, daß sie dessen schlimme Folgen nicht zu erkennnen vermögen. Sie sind selbst Fleischesser, Tabakraucher, Bier=, Wein= und Branntweintrinker und sind daher mit sehenden Augen blind gegen die unvermeidlichen Folgen dieser Genüsse.

Was insbesondere die Thierwelt betrifft, so werden schon die Studirenden der Medizin auf den Universitäten zu einer wahrhaft barbarischen Grausamkeit denselben gegenüber herangebildet. Die so= genannten Vivisectionen d. h. die Uebungen, welche die jungen Aerzte an lebenden Thieren anstellen, indem sie diese allmälig zu Tode hungern lassen, oder zu Tode füttern, und dabei zerschneiden, indem sie den armen Thieren bei lebendem Leibe allmälig das Gehirn oder andere Organe ausschneiden, haben der Wissenschaft sehr wenig Nutzen gebracht, manche Irrlehren zur Folge gehabt, jedenfalls aber einen sehr ungünstigen Einfluß auf das Gemüth der Aerzte ausgeübt.

Die Art und Weise wie die jungen Aerzte die Thiere auf der Universität zu behandeln pflegen, stumpft ihr Gefühl gegen diese armen Mitgeschöpfe dermaßen ab, daß man von ihnen der Thier= welt gegenüber kein richtiges Gefühl und folgeweise auch keine rich= tige Erkenntniß erwarten kann.

In demselben Maße als die Vivisectionen allgemeiner wurden, empfahlen die Aerzte allgemeiner die Fleischkost, ja selbst rohes Fleisch oder jenen Fleischertract, welcher besonders in Brasilien dermalen auf das schwunghafteste fabricirt wird. Ein Mensch muß sehr krank geworden sein, bevor ihm ein Arzt der gewöhnlichen Sorte die Fleisch= kost verbietet, und kaum ist der Patient den Klauen des Todes ent= gangen, so verordnet ihm der Arzt schon wieder Fleischbrühen und andere Fleischspeisen. Ein wenig Nachdenken müßte doch dem Men= schen die Ansicht beibringen, daß, was in kranken Tagen den Tod bringen würde, in gesunden nicht wohlthätig wirken könne. Doch die meisten Menschen können nicht sehr weit sehen, sie gewahren einen Abgrund erst, wenn sie an dessen Rande stehen und oft nicht mehr vermögen zurückzugehen. Es kömmt darauf an, so zu leben, daß man der Arzneien nicht bedarf. Wer mit einer gesunden Körper= beschaffenheit auf diese Erde kömmt und naturgemäß lebt, wird, in= sofern er den Keim von Krankheiten nicht von seinen Eltern em= pfangen hat oder von seinen Mitmenschen nicht angesteckt wird, ohne Krankheit ein hohes Alter erreichen. Allein der Mensch unserer

Tage bringt nur zu häufig den Keim mancher Krankheiten mit auf die Welt. Das naturwidrige Leben seiner Vorfahren rächt sich an dem Nachkommen. Ueberdieß kann auch eine gesunde und kräftige Natur bei durchaus richtiger Lebensweise nicht immer den verberb= lichen Einflüssen widerstehen, denen sie von Seiten der umgebenden Welt ausgesetzt ist.

Wenn die Aerzte ebensoviel Mühe und Anstrengung, als sie auf die Heilung der entstandenen Krankheiten verwenden, der Ent= stehung derselben entgegensetzen würden, dann würde unsere Erde nicht den zehnten Theil der Leiden zu ertragen haben, unter welchen sie jetzt seufzt.

Allein der Arzt, welcher eine Krankheit verhütet, hat davon ge= wöhnlich wenig Dank und wenig Anerkennung. Behandelt er dage= gegen einen Menschen, der schon krank geworden ist, so hat er rei= chen Lohn zu erwarten, falls der Patient genest, sei es in Folge der angewandten Mittel, oder denselben zum Trotze. Sein Lohn ent= geht ihm auch nicht im Todesfalle. Es ist, wie die Alten schon sagten: die Erde bedeckt die Fehler der Aerzte und die Sonne be= scheint deren Erfolge.

Von allen Facultäten wäre keine mehr als die medicinische auf= gefordert, sich der Fleischkost zu widersetzen und für die Pflanzenkost in die Schranken zu treten. Allein die Aerzte werden ohne Zweifel die Letzten sein, welche dieses thun. Denn es geht ihnen wie den Pharisäern und Saducäern zu Christi Zeiten. Die ihnen einge= trichterten Systeme gelten bei ihnen mehr, als der Augenschein, als Vernunft und Erfahrung.

Wir werden uns darauf gefaßt machen müssen, bei unserem Kampfe für die Pflanzenkost und gegen die Fleischkost die überwie= gende Mehrzahl der Aerzte als Gegner zu erkennen.

§. 26. Wie verhält sich die Pflanzenkost zur Philosophie?

Wenn wir heut zu Tage von Philosophie sprechen, so ist es leider nicht mehr dasselbe, was sie war zur Zeit Platos und Ari= stoteles. Damals beschäftigten sich die großen Philosophen mit dem ganzen Gebiete des Wissens. Philosophie und Wissenschaft war so zu sagen gleichbedeutend.

In unsern Tagen ist dieses ganz anders. Die Wissenschaft ist in verschiedene Facultäten zerrissen worden, von denen sich jede um die andere nicht kümmert. Eine Wissenschaft steht daher immer mit der anderen im Widerspruch. Der armen Philosophie sind fast alle Gegenstände, mit denen sie sich früher beschäftigt hatte und jetzt noch beschäftigen sollte, von den übrigen sogenannten Wissenschaften entzogen worden, so daß ihr auf dem Gebiete des Denkens nicht viel mehr bleibt, als der Theologie auf demjenigen des Glaubens, nämlich das Uebersinnliche.

Der Körper des Menschen, welcher die einzige Handhabe ist, mittelst deren wir den Geist erforschen können, ist den Philosophen von den Medicinern entrissen worden.

Der Philosoph behandelt daher den Menschen, als habe er nur einen Geist und keinen Körper.

Unter diesen Umständen können wir nicht erwarten, von den Philosophen eine kräftige Unterstützung im Kampfe gegen die Fleischesser zu erhalten. Allein da sie nicht in dem Maße wie die Mediciner bei dem Systeme der Fleischkost interessirt sind, werden sie doch uns nicht in so gehässiger Weise wie diese widerstreben.

§. 27. Wie verhält sich die Pflanzenkost zu Krieg und Frieden?

Für den Krieger ist nichts wichtiger, als Einfachheit, Mäßigkeit und Nüchternheit. Die Krieger Spartas und der römischen Republik bieten uns in dieser Beziehung Muster, welche wir noch immer nicht erreicht haben. Der Krieger, welcher an Pflanzenkost gewöhnt ist und die Fleischkost vermeidet, bringt einen Körper mit, welcher fähig ist, weit größere Strapazen und Entbehrungen auszuhalten, als derjenige, welcher an die Fleischkost gewöhnt ist.

Die Pflanzenkost kann theils ungekocht verzehrt werden, und nimmt dann zu ihrer Bereitung gar keine Zeit in Anspruch; theils wird sie gekocht. In diesem Falle erfordert sie aber niemals so viel

Zeit, wie die Fleischkost. Die Verpflegung von Heeren mittelst der Pflanzenkost ist daher weit leichter, überdieß aber auch weit wohlfeiler, als die Verpflegung derselben vermittelst der Fleischkost.

Hiezu kommt noch, daß der an die Pflanzenkost gewöhnte Krieger kein Bedürfniß nach geistigen Getränken empfindet, während der an Fleischkost gewöhnte Soldat nur zu große Neigung für geistige Getränke hat.

Nichts ist aber im Kriege störender und oft verderblicher, als der Genuß geistiger Getränke. Tausendmal ist es vorgekommen, daß sonst tüchtige Soldaten der Versuchung nicht widerstehen konnten, geistige Getränke im Uebermaße zu sich nahmen und dadurch entweder ganz dienstunfähig oder doch so aufgeregt wurden, daß sie die ruhige Besonnenheit verloren und daher ihren Dienst nicht mit der erforderlichen Umsicht und Mäßigung versehen konnten, ganz abgesehen davon, daß auf den Rausch gewöhnlich der Katzenjammer folgt, welcher den Menschen für einen halben, oft für einen ganzen Tag und länger dienstunfähig macht.

Auch im Kriege ist daher die Pflanzenkost der Fleischkost durchaus vorzuziehen. Im Frieden müssen aber diejenigen Gewohnheiten begründet werden, welche dem Krieger den Sieg sichern sollen.

Gewohnheiten von der Art, wie wir sie hier besprechen, erfordern viele Jahre, um fest begründet zu werden. Wer nicht im Frieden lange Jahre die natürliche Lebensweise gehegt hat, wird im Kriege Mühe haben, sie sich anzueignen. Im Kriege, wie im Frieden wird aber derjenige, welcher sich an die Pflanzenkost gewöhnt hat, bei sonstiger Gleichheit der Verhältnisse immer dem Fleischesser überlegen sein. Er wird wohlfeiler leben, größere Strapazen aushalten können, jederzeit dienstfähig sein, seltener krank werden und in seinem sittlichen Verhalten diejenige Milde, welche er dem Thiere gegenüber hegt, auch seinen Mitmenschen angedeihen lassen.

§. 28. Wie verhält sich die Pflanzenkost zu Kunst und Wissenschaft?

Die Fleischkost beruht auf der Voraussetzung, daß das Leben des Thieres für nichts geachtet wird, daß man es tödtet, um sich beſſen Fleiſch anzueignen. Sie beruht auf derſelben Grundlage, wie das Menſchenfleiſch im Wechſelverhältniß der Menſchenfreſſer, d. h. auf der Grundlage des Krieges auf Tod und Leben, nur mit dem Unterſchiede, daß der Menſch dem Thiere gegenüber des Sieges ge= wiß iſt und in dem Kampfe mit demſelben nicht einmal Gefahren zu beſtehen hat.

Die Pflanzenkoſt dagegen hat es weder mit Eiſen noch mit Blut zu thun. Sie fügt den Thieren kein Unrecht zu und übt an ihnen keine rohe Gewalt. Sie ſetzt den Frieden mit der Thierwelt und den Menſchen voraus. Unter ihrem Einfluſſe geſtalten ſich daher ganz andere Beziehungen zwiſchen Menſchen und Thier, wie zwiſchen Menſchen und Menſchen. Wo Friede und Freundſchaft beſteht, bringt der Geiſt weit tiefer in die innerſten Verhältniſſe des Lebens ein. Der Menſch kann die Thierwelt nicht genau kennen lernen, ſo lange er mit dieſer auf dem Kriegsfuße lebt. Das Thier beſitzt zwar nicht Verſtand genug, das Verhältniß, in welchem es zum Menſchen ſteht, klar zu erkennen. Allein das Widerſtreben, das es oft auf dem Wege zum Schlachthauſe zeigt, deutet an, daß es doch eine ge= wiſſe Ahnung des ihm bevorſtehenden Schickſals habe. Zwiſchen den Menſchen und den Thieren, welche nicht geſchlachtet und aufgegeſſen zu werden pflegen, beſteht ein weit innigeres Verhältniß, z. B. zwiſchen dem Menſchen und dem Pferde oder dem Menſchen und dem Hunde, als zwiſchen dem Menſchen und dem Thiere, welches geſchlachtet und aufgegeſſen zu werden pflegt, z. B. dem Menſchen und dem Ochſen oder dem Menſchen und dem Schafe.

Die Kunſt wird einen mildern und die Wiſſenſchaft einen minder rauhen Charakter annehmen. Wenn das Thier nicht mehr blos als Sache, ſondern als lebendes, für Schmerz und Freude empfängliches Mitgeſchöpf des Menſchen betrachtet wird, ſo muß es in der Kunſt eine würdigere Stellung als bisher einnehmen und in der Wiſſen= ſchaft weit reinere Beſtrebungen als ſeither rege machen.

In Menagerien werden nicht mehr die einen Thiere mit dem Fleiſche der andern genährt, es werden vielmehr die reißenden Thiere dadurch gezähmt werden, daß ihnen nur Pflanzenkoſt zur Nahrung gereicht wird.

––––––––

Drittes Buch.

Geſchichtliches.

§. 29. Ueberſicht.

Eine Lebensweiſe, für welche ſo viele begeiſterte, wahrhaft große
Männer mit Wort und That in die Schranken traten, oder doch
ſchwärmten, verdient gewiß die Beachtung aller denkenden Männer,
wenn ſchon in unſeren Tagen die Zahl ihrer Anhänger im Schooße
der ſog. civiliſirten Welt noch nicht groß genannt werden kann.

Indien, dieſes unermeßliche Land, die Wiege des Menſchenge=
ſchlechtes, oder doch der Fleck Erde, in welchem die erſten Spuren
einer gewiſſen Civiliſation zu Tage traten, lebt ſeit Jahrtauſenden
bis auf den heutigen Tag von Pflanzenkoſt. Von dort aus ver=
breitete ſich die Religion Buddha's, welche die Fleiſchkoſt durchaus
verbietet, über die Nachbarländer und fand beiläufig 300 Millionen
Anhänger. Diejenigen Eingeborenen, welche das Fleiſch von kleineren
Thieren verzehren, ſind allgemein verachtet; doch auch ſie eſſen nicht
das Fleiſch der größeren Vierfüßler. Die Europäer, namentlich die
Engländer, welche ihre europäiſche Lebensweiſe beibehalten, d. h. Fleiſch
aller Art eſſen und geiſtige Getränke zu ſich nehmen, ſterben weg,
wie die Fliegen.

Die Perſer, die Beſitzer eines großen Theils der zur Zeit der
Gründung ihres Reiches bekannten Erde, lebten von Brod, Waſſer
und Kreſſe. Die egyptiſchen Prieſter nährten ſich nur von Pflanzen=
koſt. Durch ſie empfing auch Moſes ſeinen Widerwillen gegen die

6

Fleischkost, welcher sich in seinem Verbote des Schweinefleisches und der vielen sog. unreinen Thiere kennzeichnete.*) In allen heißen Ländern Europa's sowohl als der anderen Welttheile wird der Genuß der Fleischkost von denkenden Menschen schon wegen seiner der Gesundheit verderblichen Wirkungen vermieden. Wo übrigens der Mensch nicht über den Begriff der Schädlichkeit für den Körper hinausgeht zu der Ueberzeugung, daß die Fleischkost das Verhältniß des Menschen zur gesammten Thierwelt verrückt, und mit dem Unrecht gegen diese auch das Unrecht gegen die Mitmenschen förbert, da fehlt ihm der feste Grund und Boden, von dem aus allein die Fleischkost bekämpft werden kann.

Es ist meine Aufgabe nicht, in umfassender, alle Einzelheiten erschöpfender Weise die Entwickelung der Pflanzenkost im Gegensatz zur Fleischkost darzustellen. Allein es wird doch von Interesse sein, nachzuweisen, daß es bei allen Kulturvölkern und zu allen Zeiten Menschen gab, welche das Banner der Pflanzenkost hoch hielten und die Fleischkost als gemeinschädlich brandmarkten. Namentlich waren es die Griechen der klassischen Zeit und unter ihnen vor allen Pythagoras und seine Anhänger, welche acht Jahrhunderte hindurch mit Wort und That für die Pflanzenkost in die Schranken traten (von 500 vor Chr. bis 300 nach Chr.).

In der Mitte zwischen den Buddhisten Australasiens und den Pythagoräern Europas standen räumlich und geistig genommen die Essäer oder Essener, welche seit dem zweiten Jahrhundert vor Chr. bis ins vierte Jahrhundert nach Chr. an der Westküste des todten Meeres, in Egypten und Judäa lebten. Sie zeichneten sich aus durch ein streng sittliches Leben, verwarfen die blutigen Opfer und enthielten sich aller Fleischspeisen. Es ist bis auf den heutigen Tag nicht ermittelt, ob die Essäer ihren Ursprung den Buddhisten des Ostens oder den Pythagoräern des Westens verdankten. Es kommt auch darauf so viel nicht an. Für uns bleibt es immerhin von hohem Interesse zu wissen, daß schon in den Zeiten des Alterthums ein halbes Jahrtausend hindurch begeisterte Anhänger der Pflanzenkost

---

*) Ueber die vielen anderen Völker und Individuen, welche sich auf die Pflanzenkost beschränkten, siehe: Zimmermann, Der Weg zum Paradies. Aufl. 2, S. 162—188.

und entschiedene Gegner des Thierschlachtens und Fleischessens in Judäa und bessen Nachbarländern lebten.

Die Völkerwanderung mit allen ihren Stürmen zerstörte wie so viele andere Keime der Cultur auch denjenigen, welcher in dem Systeme der Pflanzenkost ruhte. Doch in neuerer Zeit trieb berselbe neue Sprossen und zwar fast zu gleicher Zeit in allen Theilen der civilisirten Erbe.

Die Männer der Wissenschaft und der Phantasie sprachen sich, oft ohne die Bedeutung ihrer Worte selbst zu ermessen, zu Gunsten der Pflanzenkost und gegen die Fleischkost aus. In England, Norb= amerika, Frankreich und Deutschland tauchten begeisterte Verkünbiger ber neuen auf die Pflanzenkost gegründeten Weltanschauung auf, und Tausende schlossen sich ihnen an, obschon die Schriftgelehrten, Pha= risäer und Sabucäer unserer Tage die neue Lehre der Liebe ebenso bekämpften, wie zur Zeit Christi.

Von den Vertretern der Pflanzenkost aus den Zeiten des Alter= thums nennen wir hier nur noch Ovid, Plutarch, Apollonius von Thana und Porphyrius. Von denjenigen der neueren Zeit J. J. Rousseau, Benjamin Franklin, Gleïzès, Shelley und Byron, Schiller und Jean Paul Friedrich Richter, die Amerikaner Sylvester Graham und Trall.*)

Französische Philosophen und Physiologen wendeten zuerst un= serer Frage ihre Aufmerksamkeit zu.

Der berühmte Richeranb bemerkt in seinen Elementen der Phy= siologie: „Die rein vegetabilische Lebensweise theilt dem Blute nach Pythagoras sanfte und gemäßigte Bestandtheile mit; diese Flüssigkeit erregt die Organe mäßig und dieses Maß macht dem Individuum in seiner körperlichen Aufregung die Beobachtung der Gesetze der Mäßigkeit, dieser ersten Quelle aller Tugenden, leichter. Diese Be= merkungen der alten Philosophie über den Einfluß der Ernährungs= weise haben ohne Zweifel ihre Schriftsteller zu übertriebenen Ruful=

---

*) Im vorigen Jahrhundert scheint es der Italiener Dr. Cocchi ge= wesen zu sein, welcher in seiner zu Florenz erschienenen Schrift „del vitto Pitagoricyo" (von der pythagoreischen Lebensweise) zuerst wieder den Blick der benkenden Menschen auf die natürliche Lebensweise zu lenken be= müht war.

taten geführt; aber man barf fie eben so wenig als grunblos be= trachten. Die fleischfressenben Thiere zeichnen sich durch ihre Kraft, ihren Muth, ihr Ungestüm, ihre Wildheit aus; bie wilben Jäger= Völker, welche sich von rohem, blutenbem unb noch zuckenbem Fleische nähren, sinb bie grausamsten Menschen unb unter uns inmitten jener Auftritte bes Schreckens, beren Zeugen unb Opfer wir so lange waren, hat man bemerkt, baß bie Metzger bei ben Schlächtereien unb allen Hanblungen ber Barbarei unb ber Grausamkeit bie ersten Rollen spielten."

Cuvier in seinem Thierreich, Banb 1, spricht sich über biesen Gegenstanb aus, wie folgt: „Der Mensch scheint geschaffen zu sein, um sich hauptsächlich von Früchten, Wurzeln unb anberen saftigen Theilen ber Pflanzen zu ernähren. Seine Hänbe machen es ihm leicht, sie zu pflücken, seine kurzen Kinnlaben von mäßiger Stärke, seine Hunbszähne, welche ben anbern Zähnen gleich sinb, unb seine höckerigen Mahlzähne würben es ihm kaum möglich machen, Gras zu essen ober Fleisch zu verschlingen, ohne biese Nahrungsmittel burch bas Kochen zuzubereiten. Aber ba ber Mensch einmal bas Feuer besaß unb ba bie Kunst ihm geholfen hat, aus ber Ferne bie Thiere zu ergreifen ober zu töbten, konnten alle lebenben Wesen ihm zur Nahrung bienen, was ihm bie Mittel gegeben hat, sein Geschlecht unenblich zu vermehren."

In biesen Worten spricht Cuvier beutlich aus, baß ber Mensch von ber Natur zum Pflanzenesser bestimmt sei, allein burch seine Kunstfertigkeit bie Mittel gewonnen habe, bie Thiere zu fangen ober zu töbten. Dieses ist unleugbar. Daraus geht aber nicht hervor, baß ber Mensch ein Recht habe, bie Thiere zu fangen ober zu töbten, unb noch viel weniger, baß, wenn er Fleisch esse, ihm bieses wohl bekomme.

Professor Dumas spricht sich im erstem Banbe seiner Physiologie über biesen Gegenstanb aus, wie folgt: „Auf ben ersten Blick zeigt es sich, baß bie Pflanzenkost ber Gesundheit zuträglich ist, benn ber Stoff ber Vegetabilien ist sehr einfach, ihre Zusammensetzung ist wenig mannigfaltig, bie Veränberungen, benen sie unterworfen, sinb nicht zahlreich. Man hat baher nicht zu fürchten, baß sie in ben thierischen Körper ungeeignete Stoffe, jene überreiche Nahrung, jene verberblichen Keime, welche Krankheit und Tod bringen, einführe. Unter den Menschen, welche an die Pflanzenkost gewöhnt sind, findet man weniger Kranke und mehr Greise. Es ist eine sehr merk= würdige Thatsache, daß das geringste Unwohlsein Widerwillen gegen das Fleisch zur Folge hat, während man diesen Widerwillen gegen die vegetabilischen Nahrungsmittel nicht empfindet." Diese Zeugnisse, welche ins unendliche vermehrt werden könnten, sind um so sprechen= der, als die Männer, welche sie abgaben, den herrschenden Gewohn= heiten selbst fröhnten und Fleisch aßen.

Auch die berühmte Schriftstellerin Frau Georges Sand kommt in ihrem Romane Roche=Mauprat auf die Lehre von Pythagoras zurück, indem sie sagt: „er haßte übrigens nicht die Lehre des Py= thagoras, und bei den seltenen Zusammenkünften, welche er nachher mit seinem Freunde hatte, sagte er ihm, daß ohne geradezu an die Seelenwanderung zu glauben und ohne sich an die Pflanzenkost als ein Gesetz zu binden, er unwillkürlich eine heimliche Freude empfinde, sich ihm hingeben zu können und nicht mehr Gelegenheit zu haben, zu sehen, wie man alle Tage unschuldigen Thieren den Tod gebe." Bedeutungsvoller als diese blos theoretischen und praktischen Zeugnisse sind übrigens diejenigen, welche aus dem praktischen Leben und der eigenen Erfah= rung gezogen sind. Auf diese werden wir in § 37 zurückkommen.*)

§. 30. Pythagoras und Ovidius.

Der Weise von Samos, wie Pythagoras schon bei seinen Leb= zeiten genannt wurde, ist eine der großartigsten Erscheinungen des gesammten Alterthums. Als Philosoph strebte er mit rastlosem Wissensdrange nach Wahrheit, und was er als solcher erkannt hatte, übte er im Leben ohne Furcht vor aller widerstrebenden Gewalt.

---

*) Eine ziemlich vollständige Zusammenstellung der Literatur der Freunde der natürlichen Lebensweise findet sich in dem Anhange der Broschüre: „Nur Pflanzenkost oder die vegetarianische Diät." Nach dem Englischen des Charles Lane. Breslau. Verlag von Joh. Urban Kern. 1854

Die Wahrheiten, welche er zu Tage förderte, umgab er mit dem Heiligenschein der Religion. So kam es, daß jetzt fast 2½ Jahrtausend nach der Zeit, da er lebte, die Lehren, für welche er in die Schranken trat, noch immer von der höchsten praktischen Bedeutung sind. Pythagoras wurde im Jahr 569 vor Christus auf der Insel Samos geboren. Als Jüngling kam er auf seinen Reisen nach Aegypten, wo er in den Priesterstand aufgenommen wurde. Als der persische Despot Cambyses Aegypten eroberte, wurde Pythagoras mit zahlreichen anderen Priestern in die Gefangenschaft nach Babylon geschleppt. Dort wurde er ohne Zweifel mit Zoroaster's Lehre bekannt und trat wahrscheinlich auch in Berührung mit den Juden, welche damals gleichfalls in der babylonischen Gefangenschaft verweilten. Zwölf Jahre (von 525 bis 513 vor Christus) brachte Pythagoras in Babylon zu. Dann kehrte er nach der Heimath zurück, welche er vor 38 Jahren verlassen hatte. Nachdem er kurze Zeit in Samos verweilt hatte, reiste er nach Groß-Griechenland, wurde Bürger von Kroton, errichtete eine großartige Erziehungsanstalt und verheirathete sich (509 vor Christus) im Alter von 60 Jahren. Seine Gattin Theano gebar ihm noch 7 Kinder. In unausgesetzter Thätigkeit erreichte Pythagoras das Alter von 99 Jahren. Obgleich er mit den Feinden der natürlichen Lebensweise furchtbare Kämpfe zu bestehen hatte, blieb er doch frisch und kräftig bis an sein Ende. Nach seinem Tode lebte sein Geist in seinen Schülern fort. Jahrtausende reichten nicht hin, sein Andenken zu verlöschen.

Besonders war seine Lehre, betreffend die Nahrungsmittel, bis auf den heutigen Tag von hoher praktischer Wirkung. Vor ihm war wohl schon in Indien und auch in anderen Ländern die Fleischkost angegriffen und die Pflanzenkost als die einzige naturgemäße gepriesen worden. Allein Pythagoras war der erste, welcher diese Lehre nach Mitteleuropa brachte und tausende strebender Anhänger für dieselbe zu begeistern verstand. Ein halbes Jahrtausend nach Pythagoras schilderte der römische Dichter Ovidius in seinen Metamorphosen XV. 60 ff. den Weisen von Samos und dessen Wirksamkeit in folgenden Worten:

„Hier lebt' einst aus Samos der Mann, der so Heimath als Herrscher
Hinter sich ließ und, aus Haß der Tyrannen, die freie Verbannung
Vorzog. Das war der Mann, der die himmlischen Götter, die fernen,
Fand in sich, und was dem leiblichen Auge versagt ist
Anzuschauen, das Alles durchdrang mit dem Blicke des Geistes!
Und was mit Fleiß und umfassendem Sinn er erkannte, das gab er
Kund in der Schüler Kreis, der am Munde des Meisters bewundernd
Hing und schwieg! Wie einst wohl des Weltbau's Anfang gewesen:
Welches der Dinge Begriff, was Gott und was die Natur sei,
Und von wannen der Schnee, und wie des Blitzes Entstehung,
Ob der Donner von Gott, ob Wollengestürm ihn erzeuge,
Warum die Erde erbebt, und welches der Sterne Gesetz ist;
Das und Aehnliches mehr lehrt' er, und er war auch der Erste,
Der Fleischessen verwarf und die Zweifelnden also belehrte:
Hütet, Ihr Sterblichen, Euch, den Leib mit abscheulichen Mahlen
Euch zu entweih'n! Frucht gibt's, und Obst an den hängenden Zweigen,
Voll und schwer, und auch an dem Weinstock schwellende Trauben,
Süße Kräuter genug und genug, die die Flamme des Herdes
Schmackhaft macht: auch Milch und Thymian duftender Honig!
Milder Speisen genug reicht Euch in der wechselndsten Fülle
Allen die Erde dar zu mord= und blutlosem Gastmahl!
Thiere nur leben von Fleisch, und selbst auch diese nicht alle:
Zugvieh, Heerden und Pferd, sie leben ja alle von Gräsern.
Aber das wilde Gethier, und das von grausamer Art ist:
Löwe, Tiger und Wolf und der Bär. — liebt blutiges Gastmahl.
Welch eine Unthat ist's, in den Leib sich die Leiber begraben,
Fett sein gefräßiges Fleisch mit Massen von Fleische zu mästen,
Und, ein Lebendes selbst, von andern Lebend'gen zu leben!
Welch einen Reichthum gibt die gütige Mutter Natur uns,
Und wir müßten, mit wildem Gebiß, wie Cyclopen uns nähren?
Könnten dem gierigen Leib, durch lange Gewohnheit entartet,
Nur durch das Tödten des Thiers die wahre Befriedigung schaffen?
Aber es gab eine Zeit, sie trägt den Namen der „goldnen",
Glücklich waren wir da beim Obst und den Früchten der Erde,
Aber noch ferne davon, uns den Mund mit dem Blute zu schänden.
Sicher noch trug damals seine Schwinge den Vogel in Lüften,
Furchtlos streifte das Wild inmitten der grünenden Aecker,
Und der leichtgläubige Fisch biß noch keine täuschende Angel.
Alles war ohne Betrug und ohne die Furcht vor Betruge,
Alles in Frieden annoch! Doch seitdem — wer's auch gewesen —
Einer das wilde Gethier um den blutigen Fraß hat beneidet,
Und in den gierigen Leib sich das erste fleischerne Mahl schlang,
Brach er dem Frevel die Bahn! Vielleicht kam der rauchende Blutstahl

Aus einer Bestie Leib, gezückt nur zuerst zur Vertheid'gung.
Wär' es geblieben dabei! Denn dem Tod auch wieder zu weihen
Was uns mit Tode bedroht, das ist, wie wir glauben, kein Unrecht!
Aber „dem Tode zu weih'n" war Recht, nur nicht — dem Genusse!
Weiter drum irrte die Schuld. Als nächstes der Opfer, so schien's nun,
Habe das Schwein wohl verdienet den Tod, das des Landmanns Hoffnung,
Mühsam bestellt in der Flur, mit dem Rüssel, dem krummen, verwüstet.
Weiter dann mußte der Bock, der die Rebe mit giftigem Zahn frißt,
Sterben an Bachus's Altar. Sie beide hatten doch Schuld auch.
Aber was habt Ihr gethan, Ihr sanften, Ihr wolligen Heerden,
Uns wie geschaffen zum Schutz, die Euter voll köstlichen Nektars,
Die Ihr uns kleidet und weit mehr lebend als todt für uns werthet?
Und was verbrach denn der Ochs, ein Geschöpf ohne Listen und Bosheit,
Schuldlos und schlicht und gemacht zum Ertragen unendlicher Arbeit?
O Undankbarer, nicht werth der Gaben der Ernte,
Der Du verzehrst Deinen treuen Genoß, den Besteller des Feldes,
Der Du das schwiele Genick, das so oft Dir die Aecker gelockert,
Ernten so viel Dir gebracht, — mit dem tödtenden Beile belohnest!
Noch war der Frevel nicht voll! Es prägte die Namen der Götter
Auf sein Verbrechen der Mensch! Und er wähnt, daß die Gottheit Gefallen
Habe am Mord und am Blut des geopferten Arbeitsthieres!
Siehe, da steht's am Altar, ohne Fehl', von vorzüglicher Schönheit,
(Denn das dient ihm zum Fluch!) mit dem Gold und den Kränzen ge-
            schmückt ist's,
Stehet und hört das Gebet, das unverstand'ne, des Priesters,
Fühlt auf der Stirne das Mehl (das es selber im Felde gebaut hat),
Röthet den Stahl, den es eben noch sah im Scheine des Wassers!
Schnell nun aus lebender Brust entreißt man die Eingeweide
Und durchwühlet sie warm, zu erforschen — den Rathschluß der Götter!
Sagt, woher stammt nach solchem Genuß der Menschen Begierde?
Wagt ihr, Sterbliche, noch sie zu essen? O, thut es nicht ferner;
Hört auf mein Wort, und fühlet und wißt, wenn Ihr Ochsen verzehret,
Freßt Ihr die Arbeiter auf, die Euch Eure Gefilde bestellen!

§. 31. Plutarch, Apollonius von Tyana und Porphyrius.

Nicht lange nach Ovidius lebte Plutarch, welchem wir die er-
greifendste Schilderung der Lehre des Pythagoras verdanken. Dieselbe ist so erhaben schön, daß, obgleich sie wiederholt in deutscher,
französischer und englischer Sprache veröffentlicht worden ist, ich sie
doch der Vollständigkeit wegen hier mittheilen will.

1) „Du fragſt mich," ſagt Plutarch, „aus welchem Grunde Pythagoras ſich des Fleiſcheſſens enthalten habe? Ich dagegen möchte wiſſen, welche Leidenſchaft, welche Gemüthsſtimmung, oder welcher vernünftige Grund den Menſchen beſtimmte, der zuerſt Blut mit dem Munde berührte und das Fleiſch eines todten Thieres an ſeine Lippen brachte, welcher todte Körper und Leichen als Zukoſt und Leckerbiſſen auf die Tiſche ſetzte und, um es ganz auszuſprechen, Glieder, welche kurz zuvor noch brüllten und kreiſchten, ſich bewegten und ſahen; wie das Auge das Schlachten, Abziehen und Zerſtücken anſehen, wie der Geruch die Ausdünſtung ertragen konnte; wie es dem Gaumen nicht vor der Verunreinigung ekelte, wenn er fremde Geſchwüre berührte und Blut und Eiter aus tödtlichen Wunden ſog! Wenn es heißt:

„Ringsum krochen die Häute, es brüllte das Fleiſch an den Spießen,
„Rohes zugleich und gebrat'nes, und laut wie Rindergebrüll ſcholl's,"

ſo iſt das zwar Dichtung und Fabel, aber doch iſt es in Wirklich=keit ein ſchauerliches Mahl, wo man nach Thieren, die noch brüllen, Hunger hat, wo man das Beiſpiel gibt, noch lebende, lautgebende Thiere zu verzehren, und Vorſchriften ertheilt, ſie zuzurichten, zu braten und aufzutragen. Nach jenem alſo muß man fragen, der das zuerſt angefangen, nicht nach dem, der in ſpäter Zeit es aufge=geben hat!"

2) „Vielleicht zwar laſſen ſich jene Menſchen, welche zuerſt ſich entſchloſſen haben, Fleiſch zu eſſen, mit der Noth entſchuldigen. Denn ſie lebten weder unter der Herrſchaft unerlaubter Begierden, noch im Ueberfluß des Nothwendigen, daß ſie aus übermüthigem Hang zu widernatürlichen Genüſſen darauf verfallen wären. Im Gegen=theil könnten ſie, wenn ſie in der Gegenwart Bewußtſein und Sprache bekämen, ſagen: O Ihr glücklichen Lieblinge der Götter, die Ihr jetzt lebt, in welchem glücklichen Zeitalter ſeid Ihr geboren, die Ihr einen unverhofften Ueberfluß an Gütern zu ernten und zu genießen habt! Wie Vieles wächſt für Euch! Wie Vieles ſammelt Ihr ein! Welchen Reichthum könnt Ihr von den Fluren, welche Süßigkeit von den Gärten ernten! Ja ſchwelgen könnt Ihr, ohne Euch zu beſubeln. Aber unſer Leben begann im traurigſten und ſchrecklichſten

Zeitalter, und von der Entstehung weg waren wir in den äußersten
Mangel versetzt. Noch verdeckte das Dunkel der Luft den Himmel
und die Gestirne, die in trübes, undurchbringliches Gemisch von
Dunst und Feuer und Windestoben gehüllt waren. Noch hatte die
Sonne nicht ihren bestimmten Ort und ihren festen unvermeidlichen
Lauf, noch nicht

„Schied sie den Morgen vom Abend, und führte die Zeiten des Jahres
„Wechselnd herauf in dem Schmuck fruchtprangender Kränze von Aehren;
„Wüst und leer war die Erde" —

vom Austreten schrankenloser Ströme, und weite Landstriche lagen
von Sümpfen entstellt, durch tiefen Schlamm und durch unfrucht=
bares Gesträpp und Gehölze verwildert. Kein Mittel zur Erzeu=
gung milder Früchte, kein Werkzeug der Kunst, keine sinnreiche Er=
findung! Der Hunger ließ uns keine Zeit, und keine Saat, wenn
sie auch da war, erreichte die Tage der Reise. Was Wunder also
wenn wir der Natur zuwider zum Fleische der Thiere griffen, zu
einer Zeit, da man Schlamm verschluckte und Baumrinde nagte,
und da es ein Glück war, frischkeimendes Gras oder eine saftige
Wurzel zu finden; da man für den Genuß einer Eichel oder Buchel
vor Freuden um den Baum tanzte und ihn lebengebenden Vater
und Erhalter nannte; das einzige Fest, mit dem das damalige Leben
bekannt war; alles Uebrige war voll Unlust und Traurigkeit. Ihr
aber, die Ihr jetzt lebt, denen Alles Nöthige in solchem Ueberfluß
zu Gebote steht, welche Wuth, welcher Wahnsinn treibt Euch zur
Mordsucht? Was verleumdet Ihr die Erde, als ob sie Euch nicht
nähren könnte? Warum versündigt Ihr Euch an der Gesetzgeberin
Demeter und beschimpfet den freundlichen, lieblichen Dionysos, als
bekämet Ihr nicht Gaben genug von ihnen? Scheuet Ihr Euch
nicht, die holden Früchte mit Mord und Blut zu besudeln? Schlan=
gen, Panther und Löwen nennt Ihr grausam, Ihr selbst aber befleckt
Euch mit Blut, und gebt jenen an Grausamkeit nicht das Geringste
nach, denn für sie ist der Mord Nahrung, für Euch aber Leckerei."

3) „In der That, nicht die Löwen und Wölfe verzehren wir,
um Rache an ihnen zu nehmen; nein, diese lassen wir in Ruhe,
aber die unschädlichen zahmen, die weder Stacheln, noch Zähne haben,

uns zu verletzen, sie ergreifen und tödten wir, Thiere, beim Zeus, welche die Natur nur der Schönheit und Anmuth wegen hervorgebracht zu haben scheint!"

4) „Nichts kann uns rühren; nicht die blühende Farbe, nicht der Reiz der melodischen Stimme, nicht die geistige Gewandtheit, nicht die reinliche Lebensart, nicht die ausnehmende Klugheit der armen Thiere. Um eines Stückchens Fleisch willen rauben wir ihnen Sonne, Licht und Leben, für die sie doch geschaffen sind. Müssen wir nicht ihr Schreien und Girren, statt für unarticulirte Laute, für flehende Bitten und Vermahnungen der einzelnen halten, die da sagen: „ich bitte nicht um Schonung gegen deine Nothburft, nur gegen deinen Uebermuth! Tödte mich, damit du zu essen habest, aber morde mich nicht, blos um besser zu essen." Welche Grausamkeit! Es ist empörend, die Tafel reicher Leute mit Leichen besetzt zu sehen, die sie von Fleischern und Köchen ausschmücken lassen, noch empörender aber ist, sie abtragen zu sehen. Denn es bleibt immer mehr übrig als gegessen wird, so viele Thiere also sind umsonst getödtet worden. Manche verschonen sogar das aufgetragene Fleisch und lassen es nicht zerschneiden und zerstückeln. Das Fleisch der Todten lehnen sie ab, der Lebenden schonen mochten sie nicht."

5) „Doch wir hören jene einwenden: die Natur müsse entscheiden."

„Daß nun aber das Fleischessen dem Menschen nicht natürlich ist, geht für's Erste aus der Einrichtung seines Körpers hervor. Denn mit keinem der auf Fleischessen angewiesenen Thiere hat der menschliche Leib eine Aehnlichkeit. Er besitzt nicht die Krümmung des Schnabels, nicht die Schärfe der Klauen, nicht die Schneide der Zähne, nicht die Stärke des Magens und die innere Wärme, welche die schweren Fleischspeisen verwandeln und verdauen kann. Im Gegentheil hat die Natur durch die Glätte der Zähne, die Kleinheit des Mundes, die Weichheit der Zunge und die Schwäche der Verdauungskräfte von Hause aus das Fleischessen verschworen. Bestehst Du dennoch darauf, daß Du zu solcher Ernährungsweise geschaffen seist, so tödte zuerst selbst, was Du verzehren willst, aber durch Deine angeborenen Waffen, nicht mit dem Schlachtmesser, nicht mit Keule und Beil. Wie die Wölfe und Löwen selbst tödten, was

sie verzehren, so erwürge einmal einen Stier mit dem Gebiß, zer=
reiße ein Schwein, ein Lamm, einen Hasen mit dem Rachen, und
verschlinge wie jene Deine Beute halb lebend! Mußt Du aber
warten, bis das Empfindende eine Leiche ist, schreckt Dich die inne=
wohnende Seele zurück, das Fleisch anzubeißen, warum ißest Du
überhaupt der Natur zuwider was eine Seele hat? Ja auch das
Entseelte, das Todte, isset noch Niemand wie es ist, sondern sie
sieden, braten und verwandeln es erst durch Feuer und Gewürze,
und suchen durch tausenderlei Spezereien den Mordgeruch zu ver=
treiben und zu vertilgen, damit nur der getäuschte Gaumen die na=
turwidrige Speise annehme! Gewiß treffend war die Aeußerung
des Lacedämoniers, der in einer Speisewirthschaft einen Fisch gekauft
hatte und ihn dem Wirth zur Zubereitung übergab. Als der Wirth
Käse, Essig und Oel dazu verlangte, sagte er: „Ei, wenn ich das
hätte, brauchte ich keinen Fisch zu kaufen!" Wir aber schwelgen in
der Mordlust dermaßen, daß wir das Fleisch Zukost nennen, und
zum Fleisch wieder Zukost nöthig haben, indem wir es mit Oel,
Wein, Honig, Salzlacke, Essig, mit syrischen und arabischen Gewür=
zen mischen, als ob wir wirklich eine Leiche einzubalsamiren hätten.
Ja auch nach dieser Auflösung, Erweichung und sozusagen Fäulniß
ist seine Verdauung immer noch eine schwere Arbeit, und selbst wenn
es verarbeitet ist, macht es noch arge Beschwerden und erzeugt Krank=
heiten und Unverdaulichkeit."

6) „Diogenes wagte es, einen Polypen roh zu verschlucken,
um die Zubereitung mittelst des Feuers entbehrlich zu machen. Und
da seine Freunde und viele andere Leute ihn umstanden, hüllte er
sich in seinen Mantel, hielt das Stück vor den Mund und rief aus:
„Um Euretwillen setze ich mich der Gefahr aus!" Eine rühmliche
Gefahr, beim Zeus! Denn nicht für die Freiheit Thebens, wie
Pelopidas, oder Athens, wie Harmodius oder Aristogiton, wagte
der Philosoph sein Leben im Kampf mit einem rohen Polypen,
sondern um das menschliche Leben zur „thierischen Wildheit zurück=
zuführen."

„Jedoch nicht blos dem Körper ist das Fleischessen wider die
Natur, es verdummt sogar die Seele durch Ueberladung. Wein
und Fleischgenuß macht zwar den Körper stark und kräftig aber

ben Geist schwach, sagt Hippokrates. Und um mich nicht mit den
Athleten zu verfeinden, will ich meine Landsleute als Beispiel an=
führen. Uns Böotier nannten die Athener vorzugsweise wegen unse=
rer Gefräßigkeit „Dickbäuche und Dummköpfe". Kratinos sagte von
ihnen: „das sind die Schweine von Böotien!" Und Menander: „die
mit den großen Kinnbacken;" und sogar Pindar: „die Weisheit
kommt später!" „Eine dürre Seele ist die weiseste." sagt Heraklit.
Leere Fässer geben einen Ton, wenn man daran schlägt; sind sie
aber voll, so antworten sie auf das Klopfen nicht. Dünne Kupfer=
gefäße verbreiten den Schall im Kreise, bis man die Schwingung
durch Auflegung der Hand unterbricht und dämpft. Ein allzunasses
Auge sieht dunkel und verliert die Kraft, seine Pflicht zu thun.
Sehen wir die Sonne durch eine feuchte, mit dicken Dünsten ange=
füllte Luft, so erscheint sie uns statt in reinem Glanze, in fahlem,
neblichem, erlöschendem Lichte. So muß auch durch einen dicken,
übersättigten und mit frembartiger Nahrung beschwerten Körper die
Heiterkeit und das Licht der Seele getrübt, vermischt und irre wer=
den, weil sie die Helle und Stärke für die feinen und unsichtbaren
Begriffe der Dinge verliert."

7) „Doch auch davon abgesehen, ist nicht die Gewöhnung an
Menschlichkeit hoch anzuschlagen? Denn wer wird einen Menschen
kränken wollen, wenn er gegen fremde, mit ihm in keiner Beziehung
stehende Geschöpfe mild und freundlich gesinnt ist? Ich erinnerte
vorgestern in meinem Vortrage an Xenokrates und bemerkte, daß
die Athener ihm eine Strafe ansetzten, weil er einem Widder leben=
dig die Haut abgezogen hatte! Nun ist in meinen Augen der,
welcher ein lebendes Geschöpf martert, nicht strafbarer, als der,
welcher ihm das Leben !ganz nimmt und es mordet. Allein wir
haben, wie es scheint, mehr Gefühl für das, was wider die Ge=
wohnheit, als was wider die Natur verstößt!"

So schrieb Plutarch ein halbes Jahrtausend nach Pythagoras,
und nach ihm vergingen noch drei Jahrhunderte, bevor die erhabenen
Lehren des Pythagoras im Sturme der Völkerwanderung unter=
gingen.

Unter den vielen Anhängern des Pythagoras, welche bis ins
vierte Jahrhundert nach Christus dessen Lehren im wirklichen Leben

ausübten, verdienen Apollonius von Thana und Porphyrius besonders benannt zu werden. Apollonius lebte im ersten Jahrhundert nach Christus. Er wurde von seinen Anhängern als Weiser verehrt und oft sogar mit Christus verglichen. Von seinen Gegnern wurde er aber als Betrüger verschrien, wie das so oft zu geschehen pflegt, wenn leidenschaftliche Menschen einen unbequemen Gegner nicht zu widerlegen im Stande sind. Gleich seinem großen Vorbilde Pythagoras wies auch Apollonius alle thierische Nahrung als unrein und geisttödtend von sich, Obst aber und Gemüse aß er und sagte, Alles sei rein, was die Erde unmittelbar biete. Auch der Wein war nach seiner Ansicht ein reines Getränke, sofern er dem Menschen von edler Rebe komme, aber er widerstrebe der Verstandeskraft und verfinstere der Seele reinen Aether.

Die Schriften des Apollonius von Thana sind nur in unbedeutenden Bruchstücken auf uns gekommen. Von denjenigen Porphyrs sind aber umfangreiche Theile erhalten worden. Für uns hat nur sein Werk „über die Enthaltung vom Essen der Thiere" Werth. Porphyrius hat diese Schrift in 4 Bücher getheilt. In dem ersten widerlegt er die Einwürfe gegen die Pflanzenkost. Das zweite Buch handelt von den Opfern. In dem dritten sucht er zu beweisen, daß die Thiere eine vernünftige Seele haben. In dem vierten führt er die Völker auf, welche ganz oder theilweise von Pflanzen lebten. Als solche bezeichnet er die Athener, Lacedämonier, Syrier und Creter; in Aegypten die Priester, in Persien die Magier, in Indien die Gymnosophisten, welche er in Bramanen und Samanäer eintheilt.

Der Uebelstand, welcher das Werk Porphyrs wesentlich schwächt, besteht in seinen heidnischen Ansichten vom Opfer. Diese werden in unsern Tagen von keinem Gewichte mehr sein. Sein Standpunkt war überhaupt nicht derjenige der Sittlichkeit, sondern nur der Nützlichkeit. Von einem Manne des traurigen dritten Jahrhunderts kann man kaum mehr erwarten. *)

---

*) Das Werk von Porphyrius „de abstinentia ab esu animalium" ist ursprünglich in griechischer Sprache geschrieben und ist in mehreren Ausgaben gedruckt worden. Siehe Theophrastos Schrift über Frömmigkeit von Jakob Bernays.

§. 32. J. J. Rouſſeau und Benjamin Franklin.

Unter den großen Schriftſtellern des achtzehnten Jahrhunderts nimmt J. J. Rouſſeau eine der hervorragendſten, wenn nicht die erſte Stelle ein. In mehreren ſeiner Werke gibt er ſeine Vorliebe für die Pflanzenkoſt und ſeinen Widerwillen gegen die Fleiſchkoſt aufs deutlichſte zu erkennen. Beſonders ausführlich behandelt er dieſen Gegenſtand im zweiten Buche ſeines Emil. Dort bemerkt er wört- lich: „die unausgeſetzte Eßluſt der Kinder, welche durch das Wachs- thum rege gemacht wird, iſt eine ſichere Würze, welche ihnen die Stelle vieler andern vertritt. Früchte, Milchſpeiſen, irgend ein Back- werk, das etwas feiner als das gewöhnliche Brod iſt, beſonders die Kunſt, alles dieſes in nüchterner Weiſe zu vertheilen, damit kann man Heere von Kindern bis an das Ende der Welt führen, ohne ihnen Ge- ſchmack für ſcharfe Speiſen einzuflößen, noch Gefahr zu laufen, ihnen den Gaumen abzuſtumpfen. Einer der Beweiſe, daß der Geſchmack am Fleiſche dem Menſchen nicht natürlich iſt, beſteht in der Gleich- gültigkeit, welche die Kinder für dieſe Speiſe haben, und in dem Vor- zuge, den ſie alle den vegetabiliſchen Nahrungsmitteln, wie Milch- ſpeiſen, Backwerk, Obſt u. ſ. w. geben. Es iſt von beſonderer Wichtigkeit, dieſen urſprünglichen Geſchmack nicht zu verderben und die Kinder nicht zu Fleiſcheſſern zu machen. Wenn es ſich dabei nicht um ihre Geſundheit handelt, ſo ſteht ihr Charakter auf dem Spiele; denn wie man den Erfahrungsſatz auch erklären mag, ge- wiß iſt, daß die ſtarken Fleiſcheſſer gewöhnlich grauſam und wild ſind, mehr als die andern Menſchen. Dieſe Beobachtung gilt von allen Orten und von allen Zeiten. Die engliſche Barbarei iſt bekannt; die Gauren im Gegentheil, welche ſich des Fleiſches enthalten, ſind die ſanfteſten unter den Menſchen. Die Banianen, welche ſich noch ſtrenger, als die Gauren des Fleiſches enthalten, ſind faſt eben ſo ſanft als dieſe; aber da ihre Sittlichkeit weniger rein und ihr Gottesdienſt weniger vernünftig iſt, ſind ſie keine ſo ehrliche Leute. Alle Wilden ſind grauſam, und ihre Sitten treiben ſie doch nicht dazu. Dieſe Grauſamkeit iſt die Folge ihrer Nahrungsmittel. Sie gehen in den Krieg, wie auf die Jagd und behandeln die Menſchen wie die Bären. In England werden die Metzger als Geſchworene nicht zugelassen. Die großen Verbrecher bereiten sich auf den Mord vor, indem sie Blut trinken. Homer beschreibt die fleischessenden Cyclopen als abscheuliche Menschen und die Lotophagen (Lotusesser), als ein so liebens= würdiges Volk, daß diejenigen, welche mit ihnen in Verkehr getreten waren, ihre eigene Heimath vergaßen, um mit ihnen zu leben."

Nach diesen Worten läßt Rousseau die schon oben §. 31 an= geführte Kraftstelle Plutarchs folgen.

Auch in mehreren andern seiner Werke spricht sich Rousseau in demselben Sinne aus. Ueberall deutet er an, daß er die Pflanzen= kost als die reinere, und schönere Ernährungsweise ansah, obgleich er sich zu derselben im praktischen Leben nicht zu erheben vermochte. In seiner neuen Heloise finden sich folgende Worte: „Obgleich Julie in ihren Mahlen sinnlich ist, liebt sie weder das Fleisch, noch die Ragouts: vortreffliche Gemüse, Eier, Rahm, Früchte, dieses ist ihre gewöhnliche Nahrung; und ohne den Fisch, den sie auch sehr liebt, wäre sie eine wahrhafte Pythagoräerin.

Aus seinen Confessionen hebe ich folgende Stelle hervor: „Wer kann beschreiben und fühlen den Zauber jener Mahle, welche bestanden aus einem Stücke groben Brodes, einigen Kirschen, einem kleinen Stücke Käse und einem Glas Wein, das wir zwei zusammen tranken! Freundschaft, Vertrauen, Herzlichkeit, Sanftmuth der Seele, wie kost= bar ist eure Würze!"

J. J. Rousseau schrieb sehr schön über die Pflanzenkost, allein er selbst huldigte im Leben derselben nicht unbedingt. Benjamin Franklin, einer der Väter der nordamerikanischen Republik, der Ent= decker des Blitzableiters, schrieb zwar nur sehr wenig über die Pflanzen= kost, allein er lebte, eine Zeit lang wenigstens, nach den Grundsätzen des Pythagoras. Wer sein Leben liest, wird auf dieselben hingewiesen und so trägt der edle Mann, auch nach seinem Tode dazu bei, der natürlichen Lebensweise die Herzen aller strebenden Menschen zu öffnen.

§. 33. J. A. Gleïzes.

Unter allen Gegnern der Fleischspeisen und Vertretern der Pflanzenkost neuerer Zeit hat sich keiner größere Verdienste erworben, als der Franzose J. A. Gleïzès. Er selbst lebte 40 Jahre lang, von seinem 30. bis zu seinem 70. Jahre, d. h. bis an seinen Tod nach den Grundsätzen des Pythagoras. Er lebte so allein ohne irgend einen ihm bekannten Gesinnungsgenossen. Ungeachtet er so ganz vereinzelt stand, schrieb er sein unsterbliches Werk Thalysie ou la nouvelle existence, welches ein ganzes Arsenal von Gründen gegen die Fleischkost, und für die Pflanzennahrung enthält. Das selbe erschien im Jahre 1840 zu Paris bei L. Deseart rue des beauxarts 15. Kurz darauf starb der edle Mann. Seine Wittwe, welche am Fuß der Pyrenäen lebte, hörte durch einen meiner pariser Freunde, daß ich ein Gesinnungsgenosse ihres Gatten sei. Sie schrieb an mich und schickte mir die Werke ihres verstorbenen Gatten, welche für mich von unschätzbarem Werthe waren. Sie bestärkten mich in meiner Hoffnung, daß die Pflanzenkost einst noch siegreich aus ihrem Kampfe mit der Fleischkost hervorgehen würde.

In seinem oben bezeichneten Werke geht Gleïzès von dem Grundgedanken aus („Band 1. Seite 12.") die unterscheidende Eigenschaft des Menschen, welche ihn über alle andern Wesen erhebt, ist das Mitgefühl, die Quelle jener Intelligenz, welche ihn an die Spitze der moralischen Weltordnung gesetzt hat. Von diesem Mit= gefühle ist keines der Wesen ausgeschlossen, welche mit ihm auf der Erde leben."

Ein zweiter Gedanke (Seite 16.) ist in folgenden Worten aus= gesprochen:

„Die Pflanzenkost wird nothwendig eines Tags auf der ganzen Erde angenommen werden, wenn die Vermehrung des Menschen= geschlechtes eine gewisse Zahl erreicht haben wird. Das Naturgesetz vertritt sehr oft die Stelle der Menschlichkeit, der Gerechtigkeit und der Tugend."

Seite 21 heißt es: „Wenn der Mensch Kinder hat und in seinem Herzen Wesen trägt, die ihm theuer sind, wie kann er sich dann ohne Aufhören mit den Bildern des Todes umgeben, desselben Todes, welcher ihn eines Tages derjenigen berauben soll, die er liebt, oder ihn ihrer Liebe entziehen soll? und wenn er gerecht, wenn er gut ist, wird er dann nicht Widerwillen empfinden gegen Handlungen, die ihn unausgesetzt an Undankbarkeit, Grausamkeit und Gewaltthat erinnern müssen?"

Seite 25. „Ein Grund, auf welchen nichts, wenigstens von hochherzigen Seelen erwidert werden kann, ist das Vertrauen, welches die Thiere dem Menschen schenken: die Natur hat sie nicht gelehrt, ihm zu mißtrauen. Ist das nicht ein augenscheinlicher Beweis, daß sie ihn nicht zu ihrem Feinde bestimmt hat?"

Seite 46. „Ich habe unendlich viele gute Seelen gekannt, welche die aufrichtigsten Wünsche für die Befestigung der Lehre der Pflanzenkost hegten, welche sie in allen Beziehungen für gerecht und wahr hielten, welche an alles glaubten was sie verkündet, aber doch den Muth nicht hatten, das Beispiel zu geben, sie erwarteten, daß stärkere Seelen es geben würden."

Seite 73. „Man kann das ganze Menschengeschlecht in zwei sehr verschiedene Theile theilen, den einen, welcher die guten und nützlichen Thiere beschützt, und den andern, welcher sie erwürgt hat."

Seite 103. „Vor der großen Sündfluth lebten die Menschen von Früchten, die Thiere selbst hatten keine blutige Beute."

„Die Ueberlieferungen aller Völker ohne Ausnahme haben das Andenken an ein goldenes Zeitalter bewahrt, an einen Zustand der Unschuld, welcher demjenigen der Thiertödtung und alles daraus hervorgehenden Elends vorangegangen war."

Gleïzès geht sodann (Seite 108 folgende) die verschiedenen Länder durch, deren Bewohner ganz oder theilweise von Pflanzen lebten. Er erwähnt als solche Indien, Japan, die comorischen Inseln, Aethiopien, Aegypten, Cyrene, Arabien. Er erörtert die diätetischen Gesetze der Juden, der Perser, der Medier, und der Mysier. Er geht dann über zu den Thraciern, Daciern und Göten und den Hyperboräern, zu den Bewohnern der Inseln der Südsee und Südamerikas und schließt seine Betrachtungen mit den Völkern Europas, unter welchen sich seit den ältesten Zeiten zahlreiche Anklänge, welche an die Pflanzenkost erinnern, finden.

Seite 335. „Cincinatus, Fabricius und Manius-Curius lebten nur von dem, was ihre Pflugschaar wachsen machte."

Aus der besseren Zeit der Römer führt Gleïzès zahlreiche Beispiele der natürlichen Lebensweise an. Mit besonderer Sachkenntniß erörtert er die wesentlichen Eigenschaften der Thiere. Er weist nach, daß sie Gedächtniß, Scharfsinn und viele andere Eigenschaften mit dem Menschen gemein haben und gründet darauf den Anspruch, daß sie menschlich behandelt werden sollen. Sodann bemerkt er, daß auch auf das Thier die Nahrung von wesentlichem Einflusse ist (2. Band). Von den wilden Thieren sagt er (im 3. Band): sie haben keine andere Intelligenz, als diejenige, welche sich auf ihre barbarischen Handlungen bezieht. Ihre Gefräßigkeit allein regt sie auf, während bei den Pflanzenessern die Intelligenz unabhängig vom Hunger ist und sich derjenigen des Menschen annähert.

In Betreff der Menschen führt er aus, daß die Pflanzenkost die Bedürfnisse beschränke, und folgeweise die Habgier, diese Quelle so vieler Unordnungen vermindere, das verzehrende Fieber des Ehrgeizes beruhige und so den Menschen auf eine höhere Stufe der Sittlichkeit emporhebe.

„Ueberall wo die Menschen das Leben der Thiere achten, achten sie auch sich selbst, d. h. sind sie auch gegen einander gut, gerecht und mitfühlend. Umgekehrt wo jener Grundsatz nicht gilt, ist jeder Mensch der natürliche Feind seines Nächsten."

Eine unerschöpfliche Masse von Thatsachen, welche die Ansichten des Verfassers bestätigen und anschaulich machen, gibt dem Werke ein hohes Interesse. Ein ganzes der Wahrheit gewidmetes Dasein war erforderlich, um sie aus dem Leben und unzähligen Büchern zusammen zu stellen.

Mit großer Kraft macht er aufmerksam auf die Widersprüche, welche die Fleischkost in ihrem Gefolge hat. So erzählt er z. B. (Band 3 Seite 192): „Viele Kinder habe ich die reizende Fabel Florians, betitelt der Hund und das Schaaf hersagen hören. Dann ruft man sie zu Tische und setzt ihnen Schaaffleisch vor; welche Inconsequenz! heißt das nicht sie darin zu unterrichten, alles zu verhöhnen!"

An einer andern Stelle (Seite 205) spricht er sich aus wie folgt: „Das größte Unglück für die Thiere ist nicht, zu sterben, sondern in ihren letzten Augenblicken die schrecklichen Gesichter der Menschen zu sehen, welche ihnen das Leben rauben. Die Thiere haben durchaus dieselben Begriffe, wie der Mensch, nur in verschie=

benem Grabe. Die Bläffe, der Schrecken, welchen fie bei gewiffen Gelegenheiten, wenn fie bedroht find, kunbthun, find burchaus von berfelben Natur, wie fie ber Menfch unter ähnlichen Umftänben empfinbet."

Seite 121 vergleicht er ben Anblick, ben bie Schlachthäufer ge= währen, mit bemjenigen ber Kornhallen. „Dort feht ihr in ben Giebeln Colonien von Vögeln, welche unter fich bie Abfälle mit ber liebenswürbigften unb fanfteften Brüberlichkeit theilen, unb bie Freube, welche fie empfinben, burch unaufhörlichen Gefang kunbthun, währenb nur einige Schritte weiter, rings um bie fchrecklichen Schlachthäufer abfcheuliche Hunbe heulen unb fich gegenfeitig zerreißen, um einanber bie Beute abzujagen."

„Der Bufchhunb von Afrika, Canis Carcharias, welcher von bem Fleifche lebt, bas ben Fetifchen geopfert wirb, ift fo graufam als ber Tiger. Wie biefer töbtet unb verfchlingt er bie Menfchen, welche fich gegen feine Angriffe nicht vertheibigen, ba fie glauben, baß er mit ihrer Gottheit zufammenhänge. Eben biefes zeigt fich auch in Paraguay. Seit fich bie aus Europa bahin verbrachten Ochfen in ben unermeßlichen Ebenen biefes Lanbes fo fehr vermehrt haben, töbtet man fie nur wegen ihres Felles unb überläßt ihr Fleifch ben Hunben, biefe find baburch fo wilb geworben, baß fie ben Ver= kehr Paraguay's mit Chili unterbrochen haben.

In bem fchrecklichen Jahre 1793 als bas menfchliche Blut in ben Straßen von Paris floß, wurben bie Hunbe, bie es genoßen, fo wilb, baß man fie töbten mußte. Mehr als 3000 verloren auf biefe Weife ihr Leben.

Welcher Unterfchieb zwifchen biefen wilben Beftien, unb ben Hunben vom Mont=Cenis welche bie verirrten Reifenben auffuchen unb ihnen Hülfe unb Rettung bringen. Der Hunb in Inbien, wel= cher gleich bem Menfchen nur von Früchten unb Getreibe lebt, ift fo muthig unb fo ftark, baß er ben Tiger auffucht, ihn bekämpft unb überwinbet."

Auf biefe Weife zeigt fich am Hunbe beutlicher, als an irgenb einem anberen Thiere, ber verberbliche Einfluß ber Fleifchkoft unb ber wohlthätige ber Pflanzenkoft.

„Die Folgen ber Fleifchkoft treten am furchtbarften unter ben=

jenigen Völkerschaften hervor, welche ausschließlich von Fleisch leben. Dieses gilt insbesondere von den Völkern, welche von Fischen leben. Sie haben eine roth gefleckte oder mattweiße Haut, ähnlich der Farbe des Bauches der Fische."

Diese Stellen mögen genügen, um den Charakter des trefflichen Buches von Gleïzès anschaulich zu machen. Wer tiefer in den Gegenstand, den wir behandeln, eindringen will, sollte dieses Werk nicht ungelesen lassen. Wer es nicht kennt, dem entgeht in intellectueller und sittlicher Beziehung die mächtigste Anregung, welche ein Buch geben kann.

§. 34. Shelley, Byron und die Engländer.

England, das Reich, in welchem wohl am meisten Fleisch verzehrt wird, war das erste, in dessen Schooße die Grundsätze der Pythagoräischen Lebensweise wieder praktisch wurden. Aus den Schriften der Engländer Tryon und Shillitoe erhielt Benjamin Franklin diejenigen Anregungen, in deren Folge er die Fleischkost aufgab und die Pflanzenkost annahm. Später wirkten die Doctoren Cheyne und Lambe in gleichem Sinne. Im Jahre 1811 gab ein gewisser Newton „die Rückkehr zur Natur oder Vertheidigung der vegetabilischen Lebensweise" heraus.

Von besonderer Wichtigkeit war aber das Beispiel, welches der Dichter Shelley der Mit= und Nachwelt gab. Er begnügte sich nicht damit, namentlich in seinen fragments on the vegetable diet und in seinem Gedichte Queen Mab mit dem Worte für die vegetabilische Lebensweise in die Schranken zu treten, er nahm sie selbst an und blieb ihr treu bis zu seinem, leider zu früh für die Menschheit eingetretenen Tode.

Auch Shelley's Zeitgenosse und Freund Lord Byron lebte längere Zeit hindurch nur von Pflanzenkost, und gerade in diesen Abschnitt seines Lebens fallen die berühmtesten Schöpfungen seines Geistes.

Derselbe Doctor J. Newton, dessen Werkchen wir oben anführten gründete zu London eine Gesellschaft von Vegetariern (Vege=

tarian society). Der erste Rechenschaftsbericht dieser Gesellschaft erschien im Jahre 1814. Derselbe berichtet, daß während dreier Jahre von 60 Personen, die nur von Vegetabilien lebten, Niemand gestorben war. Die Familie des Gründers, siebenzehn Personen und Doctor Lambe, Nachfolger Newton's befolgten sieben Jahre lang diese Lebensweise, und obgleich Kinder zarten Alters und ein Kranker unter denselben war, kam doch kein Todesfall und keine schwere Krankheit in der genannten Zeit vor.

Die Statuten des Vereines schrieben vor: 1) Kein Thier zu tödten, 2) kein Fleisch noch irgend eine Speise zu genießen, die von Thieren herkommt. Selbst die Milch und 3) das Salz, sowie alles andere Gewürze durfte von den Mitgliedern des Vereins nicht genossen werden, 4) beim Brodbacken soll die Kleie vom Mehl nicht getrennt werden, 5) alle geistigen Getränke, Kaffee und Thee sind ausgeschlossen, dagegen werden 6) körperliche Uebungen und 7) einfache, naturgemäße Kleidung empfohlen.

Im Jahre 1847 reorganisirte sich die Gesellschaft. Seit dieser Zeit findet jedes Jahr in London eine Zusammenkunft dieses Vereines statt, welche mit einem vegetabilischen Festmahle geschlossen wird. Jedes Jahr wird ein Rechenschaftsbericht über die Wirksamkeit des Vereins veröffentlicht. Die Zahl der Mitglieder des Vereins soll gegenwärtig 4000—5000 betragen. Als besonders thätige Mitglieder desselben werden J. Simpson, W. Horsell und Albermann B. Harvey genannt. In allen größeren Städten Großbritanniens bestehen vegetarianische Localvereine *).

Fortlaufende Berichte über die Entwicklung des vegetarianischen Lebens gibt die zu London bei J. Candwell 335 Steand erscheinende Zeitschrift „The dietetic Reformer" zu deutsch der diätetische Verbesserer **).

---

*) S. Vereinsblatt für Freunde der natürlichen Lebensweise Nr. 4 Seite 57 f. und 61 f.

**) Aus der reichen englischen Literatur über die natürliche Lebensweise hebe ich hier noch folgende Werke hervor:

Smith, fruits and farinacea, the proper food of man. London. J. Churchill.

Nicholson, vegetable diet. London. Simpkin, Marshall and Comp.

§. 35. Schiller und Jean Paul Friedrich Richter.

In ähnlichem Sinne, wie die englischen Dichter Shelley und Byron und der französische Schweizer J. J. Rousseau, gibt auch unser Schiller seine Vorliebe für die Pflanzenkost und seinen Abscheu vor der Fleischkost zu erkennen. Die beiden Gedichte, das eleusische Fest und der Alpenjäger, lassen über die Geistesrichtung Schillers in dieser Beziehung keine Zweifel. In beiden Gedichten wird die Jagd als ein grausames Spiel verdammt. Besonders bezeichnend sind folgende Verse des eleusischen Festes:

„Schwelgend bei dem Siegesmahle
Findet sie die rohe Schaar,
Und die blutgefüllte Schaale
Bringt man i h r zum Opfer dar.
Aber schauernd, mit Entsetzen
Wendet sie sich weg und spricht:
Blut'ge Tigermahle netzen
Eines Gottes Lippen nicht.
Reine Opfer will er haben,
Früchte, die der Herbst bescheert;
Mit des Feldes frommen Gaben
Wird der Heilige verehrt.

Und sie nimmt die Wucht des Speeres
Aus des Jägers rauher Hand;
Mit dem Schaft des Mordgewehres
Furchet sie den leichten Sand,
Nimmt von ihres Kranzes Spitze
Einen Kern mit Kraft gefüllt,
Senkt ihn in die zarte Ritze,
Und der Trieb des Keimes schwillt."

Von dem gleichen Geiste ist das Gedicht der Alpenjäger beseelt. Die beiden letzten Verse des Gedichtes mögen dieses bestätigen:

„Mit des Jammers stummen Blicken
Fleht sie zu dem harten Mann,

The vegetarian Messenger. The organ of the vegetarian Society. London. Pitman.

Lane, a brief practical essay on vegetarian diet. London. Strange.

The vegetarian Advocate. London. Horsell.

Fleht umsonst, denn, loszubrücken,
Legt er schon den Bogen an;
Plötzlich aus der Felsenspalte
Tritt der Geist, der Bergesalte.

Und mit seinen Götterhänden
Schützt er das gequälte Thier.
„Mußt du Tod und Jammer senden,"
Ruft er, „bis herauf zu mir?
Raum für alle hat die Erde:
Was verfolgst du meine Heerde?"

Weit bestimmter als irgend ein anderer Dichter und Philosoph
der neueren Zeit spricht sich Jean Paul Friedrich Richter in seiner
Levana über diese Fragen aus. Das dritte Capitel seines sechsten
Bruchstücks, die Paragraphen 114 bis 119, enthalten die begeistert=
sten Ausführungen. Ich hebe einige der schönsten Stellen aus:
„Liebe ist die zweite Halbkugel des sittlichen Himmels. Noch aber
ist das heilige Wesen der Liebe wenig ergründet. Die Liebe ist eine
angeborene, aber verschieden ausgetheilte Kraft und Blutwärme des
Herzens. Es gibt kalt= und warmblütige Seelen, wie Thiere. Gleich=
sam ist die Liebe beim Kinde, wie beim Thiere, schon als Trieb
lebendig, und dieses Centralfeuer durchbricht in der Gestalt des Mit=
leids oft seine Erdrinde, aber nicht immer.

Am bedeutendsten ist der Paragraph 118, von welchem ich die
beiden ersten Seiten hier wörtlich folgen lasse.

„Das Kind lerne alles thierische Leben heilig halten — kurz
man gebe ihm das Herz eines Hindus, statt des Herzens eines kar=
tesischen Philosophen.

Es ist hier von etwas Höherem, als Mitleiden mit Thieren,
die Rede; wiewohl auch von diesem. Warum hat man längst be=
merkt, daß Kinder=Grausamkeit gegen Thiere eine gegen Menschen
weissage, wie die alttestamentlichen Opfer der Thiere das neutesta=
mentliche Opfer eines Menschen bedeuteten?

— An und für sich kann der kleine Mensch nur die Schmerzen
nachempfinden, die ihn mit den angebornen Tönen der seinigen an=
reden. Folglich kommt ihm das unförmliche Kriegsgeschrei des ge=
marterten Thiers nur wie ein seltsames unterhaltendes tobtes Wind=
getöne vor; aber da er doch Leben, Selbstbewegung sieht, ja beide

dem Unbelebten einbichtet: — so versündigt er sich am Leben, indem er's auseinanderhebt, wie ein Räberwerk. Leben an sich sei heilig, jebes, auch bas unvernünftige; unb kennt benn bas Kinb überhaupt ein anberes? Ober soll bas schlagenbe Herz unter Borsten, Febern, Flügelbecken barum keines sein? —

Man vergönne mir einige Worte über Thierleben unb Lebens= achtung!

Einst als ber Mensch noch neuer unb frischer lebte in ber vollen Welt, worin eine Quelle in bie anbere quillt, ba erkannte er noch ein allgemeines Leben ber Gottheit an, gleichsam einen unenblichen Lebensbaum, ber niebriges Gewürm wie Wurzeln in Meer unb Erbe senkt, mit einem Stamm aus ungeheuren kräftigen Thieren feststeht unb in bie Lüfte mit Zweigen voll flatternber Blätter emporgeht, unb enblich Menschen als zarte Blüthen bem Himmel aufschließt. Da war jener bumme Menschen=Egoismus, ber sich von Gott alle Thierreiche unb alle bevölkerten Meere unb Wüsten mit allen ihren mannichfachen Lebensfreuden blos als Zins= unb Deputat=Thiere, Martinsgänse unb Rauchhennen seines Magens liefern läßt, noch nicht geboren; bie Erbe, bas Keppler'sche Thier, war noch nicht bes kleinen Menschen eisernes Vieh unb Bileams=Esel. Sonbern bie alte untergesunkene Welt — wovon noch einige Spitzen in Ostinbien vorragen — finben mehr Leben unb Gottheit in ber mit Wurzeln angeketteten Blume, als wir jetzo im freistliegenben Thiere, betete eben in ben thierischen Arabesken, in ben lebenbig umhergehenben Zerrbilbern ober Zerrleibern ber Menschengestalt ben unenblichen Ra= phael an, ber ben Menschen vollenbete. Die uns zurückstoßenbe Wiberform bes Thieres zeigte ihnen ben seltsamen Isisschleier, ober bie Mosesbecke einer Gottheit. Daher bas niebrige, aber wunber= bare Thier viel früher angebetet wurbe, als ber Mensch; so wie Aegypten Menschenleiber mit Thierköpfen krönte. Je jünger, ein= facher unb frömmer bie Völker, besto mehr Thierliebe. In Surate ist ein Krankenhaus für Thiere. Ninive wurbe mit ber Zerstörung aus einer Ursache verschont, weßwegen ein Kriegshelb sie eingenom= men hätte, ber Thiermenge wegen. Mit langem Leben wurbe ber Thiere Mitleiben gegen bie Juben belohnt. Selber bas Bestrafen berselben, wenn sie ein Verbrechen mit Menschen getheilt hatten, unb

die Bannstrahlen gegen sie, und die Erwägung der thierischen Ab=
sicht bei der Strafe zeigen die frühere Achtung für diese Achtels= und
Aftermenschen an. — Und die indische Anbetung, sogar des Blumen=
lebens, ging nach Griechenland über als Belebung durch Hamadry=
aden und durch andere Götter, und nach dem Norden als Bestrafung
der Baumschänder."

§. 36. Sylvester Graham, Dr. Alcott, Dr. Trall und die Amerikaner.

In die vereinigten Staaten Nordamerika's wurde, wie wir oben
(§ 32) gesehen haben, der Gedanke an die Pflanzenkost durch Ben=
jamin Franklin eingeführt. Sein Beispiel scheint übrigens längere
Zeit hindurch keine Nachfolger gefunden zu haben. Erst durch die
Bemühungen Sylvester Grahams verbreiteten sich die Ansichten über
die vegetabilische Lebensweise daselbst. Graham war ein Engländer
von Geburt, welcher in seinem zwölften Jahre (1806) nach Amerika
auswanderte. Anfangs war er Geistlicher und nahm sich der Mäßig=
keitssache lebhaft an. Gegen Ende der zwanziger Jahre studirte er
Anatomie und Physiologie, trat 1830 in die Dienste der pennsyl=
vanischen Mäßigkeits=Gesellschaft und wurde seit 1832 der rastlose
Vertheidiger der natürlichen Lebensweise, und als solcher namentlich
Gegner der Fleischkost und Lobredner der Pflanzenkost. An verschie=
denen Orten der Union hielt er Vorträge mit großem Erfolge, welche
er auch drucken ließ.*) Während der letzten Zeit seines Lebens hielt
er sich in Northampton im Staate Massachusets auf, woselbst er
zahlreiche Anhänger seiner Lehren fand. Er behandelte den Gegen=
stand hauptsächlich vom medicinischen Standpunkte und wies nach,
daß die meisten Krankheiten ihren Ursprung in der Fleischkost fänden.
Daß übrigens von der Nahrung allein der Gesundheitszustand des
Menschen nicht abhängig sei, ergab sich deutlich aus dem Gesund=
heitszustande Grahams selbst. Denn er war oft leidend und starb
schon im 58. Jahre seines Lebens (am 6. September 1851).

*) Unter dem Titel: Lectures on the science of human life by
Sylvester Graham. .

Die Richtung, welche Sylvester Graham im Jahre 1830 nahm, als er in den Dienst der pennsylvanischen Mäßigkeits-Gesellschaft trat, gab seiner ganzen Wirksamkeit ihren bezeichnenden Charakter. Mäßigkeit war das große Ziel, nach welchem er strebte, und seine Abneigung gegen die Fleischkost wie seine Vorliebe für die Pflanzen-kost ging wesentlich aus diesem Gesichtspunkte hervor.

Die Zahl der Anhänger, welche Graham warb, war übrigens so groß, daß es nothwendig wurde, ihnen einen besondern Namen zu geben. Sie erhielten diesen von ihrem Lehrer und Meister und behielten denselben bei selbst nach dessen Tode. In den meisten größern Städten finden sich mehr oder weniger vereinzelte Grahamiten.

Es bildete sich eine die gesammten vereinigten Staaten umfassende vegetarianische Gesellschaft, welche noch immer besteht und zunimmt. An verschiedenen Orten haben sich vegetarianische Colonien gebildet, und im gegenwärtigen Augenblicke ist eine solche im südlichen Theile des Staates Ohio unter Mitwirkung des Dr. Trall von New-York im Werden begriffen.

Mit Sylvester Graham erreichte die von ihm vertretene geistige Bewegung keineswegs ihr Ende. Zahlreiche Männer von Geist und wissenschaftlicher Bildung hatten schon bei seinen Lebzeiten mit ihm zusammen gearbeitet und setzten ihre Wirksamkeit nach dessen Tode fort. Die bedeutendsten unter ihnen sind Dr. Alcott zu Boston und Pro-fessor Dr. S. T. Troll zu New-York. Letzterer schrieb namentlich eine Abhandlung unter dem Titel: „Die wissenschaftliche Grundlage des Vegetarianismus", welche zuerst in dem diätetischen Reformer in Amerika, dann aber in besonderem Abdruck zu London erschien. In derselben sind die Einwürfe der Aerzte gegen die ausschließliche Pflan-zenkost vortrefflich widerlegt.

„Die Aerzte behaupten 1) die vegetabilische Nahrung sei nicht nahrhaft genug. Allein die Chemie, die Physiologie und die Erfah-rung beweisen das Gegentheil. Die Aerzte behaupten, die Menschen könnten ohne thierische Nahrung ihre Kraft sich auf die Dauer nicht erhalten, da doch die härteste Arbeit jetzt von Menschen gethan wird und zu allen Zeiten gethan wurde, welche am wenigsten Fleischkost genießen, und ungeachtet es feststeht, daß kein fleischfressendes Thier längere Zeit hindurch schwere Arbeit ertragen kann.

2) Die Aerzte behaupten, die Fleischkost sei leichter zu verbauen als die Pflanzenkost. Allein auch hier sind sie im Irrthum. In so ferne man unter Verbauung den ganzen Proceß der Assimilation versteht. Ob die Nahrung langsam oder rasch verbaut wird, ist von sehr geringer Bedeutung im Verhältniß zu der Beschaffenheit des Stoffes, welcher am Ende geliefert wird.

3) Die Aerzte behaupten, die Fleischkost erzeuge mehr Wärme, als die Pflanzenkost, daher müsse der Mensch unter einem kalten Himmelsstriche viel Fleischkost genießen, oder erfrieren. Allein diese Aerzte verwechseln Entzündung mit Assimilation. Die Erfahrungen, welche Bayard Tailor in Lappland und Doctor Kane auf seiner Fahrt nach dem Nordpol machten, beweisen deutlich, daß thierische Nahrung, Fleisch und Fett im höchsten Grade verderblich sind, Scorbut und Schwindsucht erzeugen und zum Tode führen.

4) Sagen die Aerzte, die Fleischkost sei aufregender, als die Pflanzennahrung. Hier haben sie einmal Recht. Allein Aufregung und Ernährung sind zwei entgegengesetzte Gedanken. Insofern ein Stoff aufregt, ernährt er nicht, und insofern er ernährt, regt er nicht auf. Alle aufregenden Stoffe sind Gifte und nicht Nahrungs= mittel. Die Fleischkost regt auf, insofern sie mehr oder weniger faule Stoffe, Ueberreste zerstörter Gewebe enthält, welche die Natur aus= zustoßen bemüht ist.

Endlich beziehen sich die Aerzte auf die Zähne der Menschen."

Dieser Einwand ist zu lächerlich, als daß wir uns weiter mit demselben beschäftigen könnten.[*]

§. 37. Zimmermann, Weilshäuser, Hahn, Baltzer, und die deutschen Freunde der natürlichen Lebensweise.

Mehr als 11 Jahre hindurch hatte ich was die Pflanzenkost betrifft in vollständiger Vereinzelung gelebt, als ich im Jahre 1843 von einem

---

[*] Aus der sehr reichen amerikanischen Literatur über unsern Gegen= stand nenne ich hier: Dr. Alcott, Lectures on Life and Health. Boston. Philipps, Sampson and Comp. Vegetable Diet. New-York. Fowlers and Wells.

Schriftchen Zimmermann's Kenntniß erhielt, welches folgenden Titel führte:

„Der Weg zum Paradies, oder die einzigen und wahren Mittel, das physische und moralische Elend unserer Zeit im Keim zu ersticken und auszurotten. Ein Aufruf an Erzieher und Lehrer, an edle Väter und Mütter, an Jünglinge und Jungfrauen, an Kranke und Gesunde. Queblinburg und Leipzig. Druck und Verlag von Gott= fried Basse."

Das Werkchen machte mir große Freude. Es stand zwar nicht ganz auf demjenigen Punkte, welcher mir der wesentliche scheint, nämlich auf dem Standpunkte der Sittlichkeit. Allein in den meisten Resultaten traf es mit meiner Anschauungsweise zusammen. Ich hatte früher zwar auch schon gehört und gelesen, daß in England die Pflanzenkost zahlreiche Anhänger besitze. Allein in Deutschland hatte ich solche noch nicht gefunden. Das Büchlein, 109 Seiten groß, fand viele Abnehmer, es war schon bald vergriffen. Im Jahre 1846 erschien eine zweite wesentlich umgearbeitete und auf 290 Seiten vermehrte Auflage desselben Schriftchens mit dem Specialtitel: „Eine Beleuchtung der Hauptursachen des physisch = moralischen Ver= falls der Kulturvölker, sowie naturgemäße Vorschläge, diesen Verfall zu sühnen." Das Büchlein war mir zugeeignet und im Verlaufe desselben wurde auf meine Schrift Mandaras' Wanderungen wieder= holt Rücksicht genommen. Die persönliche Bekanntschaft Zimmer= mann's, welche ich im Jahre 1844 zu machen suchte, kam nicht zu Stande. Als ich ihn in Halle aufsuchte, war er verreist.

Auch diese zweite Auflage fand einen starken Absatz. Zu meinem großen Bedauern habe ich jedoch vernommen, daß Zimmermann seinen Lehren nicht treu geblieben, sondern in die Fleischkost zurückgefallen ist.

Um dieselbe Zeit, da Zimmermann auftauchte, wurde ich mit C. Weilshäuser, zwar nicht persönlich, allein durch Briefwechsel be= kannt. Er war in Amerika gewesen, hatte dort Kenntniß von dem Systeme der Pflanzennahrung erhalten, dasselbe angenommen, blieb ihm treu bis auf den heutigen Tag und wird es gewiß fortführen bis zu seinem Ende. Während ich in Amerika weilte und Zimmer= mann abfiel, arbeitete Weilshäuser mit rastlosem Eifer und großen Opfern, die er brachte, für die Verbreitung der vegetabilischen Lebens=

weise. Er übersetzte das treffliche Werk Gleïzés in's Deutsche, konnte aber keinen Verleger finden, der es druckte. Verschiedene kleinere Schriften ließ er in seinem eigenen Verlage erscheinen, so z. B.: „Der Vegetarianer auf allen Punkten bewaffnet. Eine Erklärung seiner Theorie, eine Darlegung seiner Hauptbeweise und eine Beantwortung principieller Einwürfe. Aus dem englischen des W. Horsell frei übersetzt." Eine zweite Broschüre führt folgenden Titel: „Was ist Vegetarianismus? Eine Beleuchtung dieses Universal=princips." Ein drittes Schriftchen führt folgenden Titel: „Der Mensch — kein Raubthier." Im Jahre 1866 in der Nr. 40 und folgenden der zu Breslau erscheinenden Schlesischen Zeitung schrieb Weilshäuser einen Artikel: „Die biätetische Reform oder die blutlose Lebens=weise." In wie fern die bezeichneten Arbeiten Weilshäuser's dazu beitrugen, richtigere Ansichten über die vegetabilische Lebensweise zu verbreiten, kann ich freilich nicht näher bezeichnen, allein wer guten Samen ausstreut, kann immer erwarten, daß derselbe früher oder später aufgehen werde. Die Erscheinungen der letzten Jahre beweisen deutlich, daß manche früher ausgestreute Samenkörner aufge=gangen sein müssen, sonst würden wir schwerlich unsere Gesinnungs=genossen in Deutschland schon zu Hunderten zählen können.

Daß in Deutschland Empfänglichkeit für die Lehren des Pytha=goras vorhanden sei, erhellte schon deutlich aus dem starken Absatze, welche die Schriften Zimmermann's hatten. Nach Weilshäuser er=hob sich in Theodor Hahn ein neuer sehr kräftiger Vertreter der Pflanzenkost. Er trat nicht blos auf als Schriftsteller, sondern auch als praktischer Arzt und leistete ausgezeichnetes durch die von ihm begründete Heilanstalt auf der Waid bei St. Gallen in der Schweiz. Unter den Werken Hahn's nennen wir hier insbesondere folgende: „Die naturgemäße Diät, die Diät der Zukunft. Nach Erfahrung und Wissenschaft aller Zeiten und Völker zusammengestellt. Cöthen, 1859." (1 Thlr.) „Praktisches Handbuch der naturgemäßen Heil=kunde, ohne Arzt und Arznei, ohne Prießnitz und Schroth. Zürich, 1866." (24 Silbergr.) „Der Naturazt, eine in Berlin bei Th. Grieben erscheinende populäre Zeitschrift für naturgemäße Heilkunde und Gesundheitspflege."

Besondere Rührigkeit im Gebiete der Pflanzenkost entwickelte seit dem Jahre 1867 Eduard Balzer in Nordhausen. Er gab zuerst in zwei Bändchen „Die natürliche Lebensweise, der Weg zu Gesundheit und socialem Heil" heraus; gründete in Nordhausen den Verein der Freunde der natürlichen Lebensweise (Vegetarianer) und gibt seit dem 1. Juni 1868 das Vereinsblatt für Freunde der natürlichen Lebensweise heraus.

Seine Schrift: Pythagoras, der Weise von Samos, ein Lebensbild, nach den neuesten Forschungen bearbeitet, ist eine höchst interessante Arbeit, welche kein Freund der natürlichen Lebensweise ungelesen lassen sollte. Erst durch die Bemühungen Balzer's haben wir erfahren, daß die Empfänglichkeit für die von ihm vertretenen Lehren in Deutschland weit größer ist, als wir bis dahin zu hoffen gewagt hatten. — In seinen Briefen an Virchow über dessen Schrift Nahrungs- und Genußmittel beweist Balzer, daß eine allgemein medicinische Bildung einen Gelehrten nicht befähigt, über den Gegensatz von Pflanzenkost und Fleischkost das entscheidende Wort zu sprechen. Bei Gelegenheit des Streites zwischen Balzer und Virchow über die Nahrungs- und Genußmittel hat sich wieder herausgestellt, was ich so oft schon früher seit 36 Jahren wahrgenommen hatte, nämlich, daß die Mediciner durchschnittlich in Betreff der Frage der Ernährung vollständige Ignoranten sind. Sie stehen gewöhnlich heute noch auf dem Standpunkte, welchen ihnen Büffon im vorigen Jahrhundert gezimmert hat. Die Werke späterer Physiologen und vergleichenden Anatomen sind unsern Aerzten zwar im Allgemeinen bekannt, allein die darin enthaltenen Berichtigungen Büffon's in Betreff der Ernährung des Menschen haben sie unbeachtet gelassen. Die Werke der Franzosen, Engländer und Amerikaner über die vegetabilische Lebensweise kennen sie nicht und diejenigen der Deutschen behandeln sie mit vornehmer Geringschätzung. Allein die Wahrheit wird sich Bahn brechen, allen deutschen Schriftgelehrten, Pharisäern und Sadducäern zum Trotze.

Aus dem von Balzer herausgegebenen Vereinsblatte ersehen wir, daß die vegetabilische Lebensweise begeisterte Anhänger in Deutschland zählt. Von der großen Zahl derselben machen wir hier auf einen zu Hannover aufmerksam, welcher in Nr. 2 des Vereinsblattes alle Vegetarianer, die auf der Reise Hannover passiren, in freundlichster Weise einlud, zu Morgen=, Mittag= oder Abendbrod seine Gäste zu sein. Die Pflanzenkost ist daher in Deutschland nicht mehr blos die Nahrung des Armen, welcher sich keine andere verschaffen kann, sondern auch diejenige wohlhabender, aber denkender und fühlender Menschen, welche durch blutige Speisen sich nicht verunreinigen und ihr Leben nicht auf den Tod harmloser und nützlicher Mitgeschöpfe bauen wollen.

§. 38. Bock, Moleschott, Liebig, Virchow und die deutschen Gegner der natürlichen Lebensweise.

In einem Lande, welches so reich an Wirthshäusern ist, als Deutschland, kann es an Gegnern der natürlichen Lebensweise nicht fehlen. Dazu kommt noch, daß die deutschen Aerzte, deren Gewissenhaftigkeit und Gelehrsamkeit den Vergleich mit den Aerzten aller Nationen unzweifelhaft aushalten kann, doch für alles neue sehr wenig Empfänglichkeit besitzen. Gewöhnlich sind sie, wenn auch der lateinischen und griechischen Sprache, doch der französischen und englischen nicht mächtig, wenigstens nicht in dem Maße, daß sie mit Leichtigkeit, ein in denselben geschriebenes Werk lesen könnten. Ueberdieß folgen sie selten den Bewegungen, welche im Auslande wissenschaftliche Erscheinungen hervor rufen.

So ist es erklärlich, daß unsere deutschen Aerzte von der ganzen Bewegung, welche die natürliche Lebensweise in England und Amerika hervorgerufen hat, und von den Werken Gleïzès, Sylvester Grahams, Trall's und andern keine Kenntniß haben.

Im Winter des Jahres 1864—65 brachte ich einige Zeit in Leipzig zu und kam dort mehreremale mit Professor Dr. Bock zusammen. Es wurde mir nicht schwer zu erkennen, daß dieser Gelehrte, dem ich in anderer Beziehung volle Gerechtigkeit wiederfahren lassen will, in zwei Spezialitäten, die er mit mir besprach, nehmlich in Betreff der Pflanzenkost und der Phrenologie d. h. der wissenschaftlichen Seelenlehre, ein vollständiger Ignorant war, was ich ihm auch in möglichst milder Form geradezu erklärt.

Diese Ansicht von Herrn Dr. Bock hat sich noch bestätigt, durch ein Büchlein, welches derselbe schrieb unter dem Titel: „Bau, Leben und Pflege des menschlichen Körpers unter Mitwirkung von Schulmännern für Schüler dargestellt." In diesem Büchlein sagt Herr Bock Seite 130 „man beantworte sich auch einmal die Frage: wenn alle Menschen, wie die sogenannten Vegetarianer wollen, nur Pflanzennahrung und keine thierische zu sich nähmen, wo kämen dann für Menschen und Thiere die nothwendigen Nahrungspflanzen her und was sollte dann mit den pflanzenfressenden Thieren werden? Und alle Pflanzenfresser (wie Schaafe, Pferde u. s. w.) auszurotten; dürfte doch eine unberechenbare Störung im Haushalte der Natur verursachen." Hätte Herr Bock irgend eine Schrift neuerer oder älterer Zeit, über die Pflanzenkost gelesen, so könnte er unmöglich einen derartigen Satz geschrieben haben.

In Nr. 6 des Vereinsblattes für Freunde der natürlichen Lebensweise Seite 89—92 findet Herr Bock seine wohlverdiente Abfertigung.

Hier genüge die Bemerkung, daß gerade diejenigen Thiere, welche geschlachtet zu werden pflegen, zehnmal mehr Nahrungsstoff vertilgen, als sie dem Menschen durch ihr Fleisch bieten. Die für den Menschen nothwendigen Nahrungspflanzen könnten daher, und zwar in zehnfacher Fülle, auf demselben Grund und Boden gepflanzt werden, auf welchem jetzt Viehfutter wächst. Von der Ausrottung aller Pflanzenfresser hat aber nie irgend ein Anhänger der Pflanzenkost gesprochen. Nur eine vollständige Unkenntniß der Ansichten, aus welchen die vegetabilische Lebensweise hervor gegangen ist, erklärt die betreffende Stelle im Buche des Herrn Dr. Bock.

Von derselben Sorte, wie das Wissen des Herrn Dr. Bock ist auch dasjenige des Herrn Dr. Moleschott über unsern Gegenstand.

Dessen Werk über die Nahrungsmittel nimmt nicht die geringste Rücksicht auf die gesammte Literatur, welcher wir hier ein ganzes Buch die §. 29 bis 37 gewidmet haben. Wer von unsern Bestrebungen keine Notiz nimmt, kann nicht erwarten, daß wir die seinigen erwähnen. Wir gehen daher von Moleschott über zu Liebig. Dieser sagt in seinen chemischen Briefen Ausgabe von 1865 Seite 320. Keiner von allen organischen Bestandtheilen der Fleischbrühe macht, so weit die gegenwärtigen (1865!) Untersuchungen reichen, einen Bestandtheil der Blutflüssigkeit aus; wir nehmen an, daß diese Bestandtheile zur Wiedererzeugung eines Muskels im lebendigen Körper beitragen können, aber sie sind unfähig in Blutalbumin oder Blutfibrin überzugehen; sie lassen sich eben so wenig als nothwendige Bedingungen des Verdauungs = und Ernährungsprozesses betrachten, da Milch und die vegetabilischen Nahrungsmittel vollen Ernährungs= werth besitzen, ohne eine diesen Bestandtheilen ähnliche Materie zu enthalten.

Seite 314—15. „Die Fleischbrühe ist wie das Fleisch selbst, von sehr zusammengesetzter Natur. Die meisten Bestandtheile der= selben sind sehr reich an Stickstoff; zwei davon, das Kreatin und das Kreatinin, lassen sich in schönen durchsichtigen farblosen Krystal= len daraus erhalten.... Das Kreatinin, welches in viel kleinerer Menge als das Kreatin in der Fleischbrühe vorkommt, ist eine starke organische Basis; es reiht sich der Klasse der stickstoffhaltigen orga= nischen Basen des Pflanzenreichs an, zu welcher die furchtbarsten Gifte und wirksamsten Arzneien gehören; es reagirt alkalisch und bildet mit Säure krystallisirbare Salze; es findet sich nur in thie= rischen Organismen."

Stärker hat sich nicht leicht ein Freund der natürlichen Lebens= weise gegen die Fleischkost ausgesprochen. Wenn Liebig, dessen un= geachtet zugibt, daß der nach ihm genannte Fleischextract, in allen Zeitungen mit Posaunenstößen ausgeboten wird, so ist dieses schwer mit den oben erwähnten Aeußerungen des berühmten Chemikers in Einklang zu bringen.

Doch derartige Widersprüche finden sich nur zu häufig bei un= sern Fachmännern, wie neuerdings auch Virchow in Berlin bewie= sen hat.

In seinem Werke über Nahrungs= und Genußmittel eifert er mit großer Beredtsamkeit gegen die aufreizenden Nahrungsmittel. Allein wenn es gilt, Abhülfe zu schaffen gegen den bezeichneten Uebel= stand, bleibt Virchow nicht auf halbem Wege, sondern höchstens beim ersten Viertheile desselben stehen.

Seite 12 erklärt Virchow:

„Es gibt nur wenige thierische Gewebe, welche vollständig im Magen aufgelöst werden. Insbesondere im Fleisch sind meist ge=

wiſſe ſehnige und elaſtiſche Beſtandtheile, welche unverbaut bleiben. Je nachdem ſie fein zerkaut, zerſchnitten oder zerhackt werden, gewinnen ſie, nicht an Verdaulichkeit, ſondern an Unſchädlichkeit."

Seite 13. „Selbſt an ſich verdauliche Theile, wie das Fleiſch in ſeiner reinſten Geſtalt, ſind zum großen Theil unverdaulich, wenn ſie nicht gehörig zerkleinert ſind. Größere Stücke werden in ihrem Innern von den Verdauungsflüſſigkeiten gar nicht erreicht, ſie werden nur äußerlich angegriffen und aufgelöst, paſſiren aber in ihrer Hauptmaſſe unverbaut."

In dieſen Sätzen liegt fürwahr kein Grund, der einen vernünftigen Menſchen beſtimmen könnte, Fleiſch zu genießen.

Dagegen ſagt Virchow Seite 21: „Der Arbeiter auf den Hochebenen Norwegens vollendet ſein ſchweres Tagewerk bei einer ſo geringen Menge von Flachbrod und trockenem Käſe, daß ſelbſt ſehr beſcheidene Vorſtellungen von dem täglichen Nahrungsbedürfniſſe eines Mannes dadurch noch erſchüttert werden."

Virchow gibt alſo zu, daß in dem von der Natur ſehr wenig begünſtigten Norwegen Brod und Käſe, und zwar in ſehr geringer Menge hinreichen, das Nahrungsbedürfniß arbeitender Männer zu befriedigen. Dagegen behauptet er, freilich im Widerſpruche mit Geſchichte, Völkerbeſchreibung und Statiſtik, daß es „einzelne bevorzugte Gegenden gebe, in welchen die Natur dem Menſchen alle Beſtandtheile einer ausreichenden Pflanzenkoſt verſchwenderiſch zur Verfügung ſtelle, wenn es auch nur ſehr umſchränkte Gebiete, meiſt kleine Inſeln des ſüdlichen Oceans ſeien, wo der Menſch ſich dauernd mit dieſer wilden Koſt begnügt habe."

Dieſe Stelle und noch eine andere, auf welche wir ſpäter zurück kommen werden, beweiſen zu gleicher Zeit die Unwiſſenheit und die verkehrte Richtung des großen Gelehrten auf dem Gebiete der Pflanzenkoſt. Weiß denn Virchow nicht, daß 300,000,000 Buddhiſten ſeit mehr als zwei Jahrtauſenden nur von Pflanzenkoſt leben? Iſt China und Oſtindien ein ſehr umſchränktes Gebiet. Haben 300,000,000 Menſchen auf einer kleinen Inſel Platz?

Wahrhaft lächerlich iſt es aber, wenn Virchow die Koſt, bei welcher Pythagoras und ſeine Schüler, Benjamin Fränklin Newton, Shelley und Byron ihre unſterblichen Werke ſchrieben, eine wilde Koſt

nennt. Die Logik des Herrn Virchow würde am Ende dahin füh=
ren, die Kost des Pferdes wild und diejenige der Hyäne zahm zu
nennen.

Die Gehässigkeit, mit welcher Virchow den Anhängern der Pflan=
zenkost entgegen tritt, erhellt überdieß noch aus einer andern Stelle
seines Buches, worin er uns eine Secte nennt. Auf die 300,000,000
Buddhisten, welche aus religiöser Ueberzeugung kein Fleisch genießen,
kann das Wort Secte nicht bezogen werden, da Virchow von den=
selben augenscheinlich nichts weiß. Uebrigens pflegt man eine Ge=
nossenschaft, welche zahlreicher ist, als sämmtliche christlichen Kirchen
und Secten zusammen genommen, nicht Secte zu nennen.

Soll dieses Wort aber auf die einzeln oder in Vereinen leben=
den sogenannten Vegetarianer bezogen werden, so paßt es eben so
wenig, da wir nicht durch religiöse, sondern durch wissenschaftliche
und sittliche Gründe bestimmt werden, blutgetränkte Speisen zu ver=
meiden.

Virchow weiß, daß er die Mehrzahl auf seiner Seite hat, sonst
würde er sich schwerlich erlaubt haben, zugleich in so flacher und ver=
letzender Weise gegen uns zu schreiben. Allerdings hat Virchow alle
Schlemmer, Fresser und Säufer, alle Menschen, welche gedankenlos
in den Tag hinein leben, auf seiner Seite. Doch die Zeit wird
kommen, da sich zeigen wird, daß solche Leute keine zuverlässige Ver=
bündete sind *).

---

*) S. auch Ed. Baltzer Briefe an Virchow über dessen Schrift: Nah=
rungs= und Genußmittel.

Viertes Buch.

Schlußbemerkungen.

§. 39. Die Alltagsmenschen.

Unter Altagsmenschen verstehe ich diejenigen, welche nicht über die Befriedigung der alltäglichen Bedürfnisse hinausstreben. Leider ist deren Zahl sehr groß. Sie unterscheiden sich nur zum Scheine von den Thieren, welche gleichfalls kein höheres Streben, als die Befriedigung ihrer alltäglichen Bedürfnisse kennen. Was den Menschen über das Thier erhebt, ist sein sittliches Gfühl, sein Sinn für alles Schöne und Erhabene und sein Denkvermögen, welches ihn in den Stand setzt, alle Dinge zu prüfen und das Beste zu bewahren.

Gerade weil die Alltagsmenschen keinen Sinn für eblere und höhere Genüsse haben, als diejenigen sind, welche auch das Thier kennt, sind sie sehr unwillig, wenn sich Jemand bemüht, ihre Aufmerksamkeit von den ihnen allein zusagenden Dingen auf höhere Bestrebungen zu lenken.

Die Alltagsmenschen haben nie etwas geprüft. Sie essen und trinken, was ihre Eltern gegessen und getrunken haben und was sie ihre Nebenmenschen essen und trinken sehen, was ihnen selbst und was den Menschen, in deren Kreise sie leben, schmeckt.

Die Frage, welche doch so nahe liegt, ob die Speise und der Trank, welche sie genießen, ihrer Gesundheit förderlich oder schädlich sei, stößt ihnen höchstens auf, wenn sie einmal krank geworden sind, aber auch dann besitzen sie selten Einsicht genug, zu erkennen, was ihnen schädlich ist, und noch viel weniger, die Selbstüberwindung, das als schädlich erkannte zu vermeiden.

Die Zumuthung, die Frage zu prüfen, ob diejenige Lebensweise, an welche sie von Jugend an sich gewöhnt haben, mit den höheren Anforderungen der Sittlichkeit in Uebereinstimmung zu bringen sei, halten die Alltagsmenschen für abgeschmackt, da sie durchaus nicht gesonnen sind, sich mit den Menschen, deren Kreisen sie angehören, in Widerspruch zu setzen.

Es versteht sich daher von selbst, daß die Alltagsmenschen Gegner unserer Bestrebungen sind. Das einzige, was sie möglicherweise bestimmen könnte, unsern Mittheilungen Gehör zu schenken, ist eine Krankheit, welche sie befallen möchte. Doch es muß ein besonderer Zufall sein, wenn ein Alltagsmensch bestimmt wird, die Regeln der natürlichen Lebensweise anzunehmen, und wenn er es thut, bleibt immer die Gefahr, er möchte, nach hergestellter Gesundheit, seine frühere naturwidrige Lebensweise wieder aufnehmen. Eine sichere Schranke dagegen findet sich nur in der sittlichen Kraft des Menschen. Allerdings ist es ein Gebot der Sittlichkeit, keiner Lebensweise zu fröhnen, welche die Gesundheit zu Grunde richtet, allein über diese setzt sich der Alltagsmensch leicht dadurch hinweg, daß er behauptet, seine Lebensweise sei nicht gesundheitswidrig.

Der Alltagsmensch ist daher, so lange die Pflanzenkost nicht herrschend ist, niemals ein zuverläßiger Anhänger derselben, und schon aus diesem Grunde darf die Rücksicht auf ihn uns nicht abhalten, die der Pflanzenkost zu Grunde liegenden sittlichen Elemente vorzugsweise ins Auge zu fassen. Wir müssen daher die Frage aufwerfen und untersuchen: hat der Mensch das Recht, harmlose und nützliche Thiere zu tödten, um sich von deren Fleisch zu nähren? Diese Frage führt zu der zweiten: bei welcher Lebensweise, der Pflanzen- oder der Fleischnahrung ist der Mensch einer höheren sittlichen Entwicklung fähig?

Die Alltagsmenschen haben allerdings für Untersuchungen dieser Art keinen Sinn und keinen Verstand. Daraus folgt aber nur, daß wir nie hoffen können, Alltagsmenschen für unsere Bestrebungen zu gewinnen und daß wir daher, wenn wir vorwärts kommen wollen, auf sie nicht die geringste Rücksicht nehmen dürfen.

Was aber die Antwort auf obige Fragen betrifft, so haben wir diejenige der Buddhisten, der Pythagoräer, der Essäer, diejenige J. J. Rousseau's, S. P. Fr. Richters, Gleïzès, die unsrige und viele andern mitgetheilt. Jeder mag sich nach seinem Geschmacke, die eine oder die andere zueignen, oder sie widerlegen, wenn er dazu im Stande ist!

§. 40. Die Afterweisheit unserer Tage.

Was die Alltagsmenschen unter der ungelehrten Masse sind die Afterweisen unter den Gelehrten. Sie haben gelernt, was ihre Lehrer ihnen vortrugen und ihre Lehrbücher enthielten. Die Zahl der selbstständigen Forscher ist zu allen Zeiten sehr klein gewesen. Diese haben erst nach ihrem Tode oder doch in sehr alten Tagen Ruhm gewonnen, mußten ihr Leben lang im Kampfe mit Alltags= menschen und der Afterweisheit ihrer Zeit zubringen und wurden nur in so fern ihres Lebens froh, als die Idee, welche sie begeisterte, ihr Dasein verherrlichte. Die Afterweisen waren daher zu allen Zeiten die schlimmsten Feinde aller neu auftauchenden Ideen.

So sind sie auch heut zu Tage die schlimmsten Feinde der natürlchen Lebensweise. Sie selbst erkennen zwar mehr oder weniger deutlich die Krankheit, an welcher unsere Zeit leidet und welche Ge= nußsucht genannt werden könnte, allein dieselbe zu heilen, sind sie nicht im Stande, weil sie deren Ursachen nicht kennen, größtentheils selbst an ihr leiden und fest entschlossen sind, ihrer Genußsucht weiter zu fröhnen.

Die Afterweisen unserer Tage, essen selbst gern Fleischspeisen, rauchen Tabak und trinken Alcohol, wie könnten sie den Kranken, die sie heilen sollen, diese Genußmittel verbieten? Der Wohlschmack ist ihnen selbst der maßgebende Wegweiser, wie sollten sie selbst ihre Patienten auf einen andern hinlenken? Der Alltagsmensch, welcher darauf hingewiesen wird, daß seine Lebensweise unnatürlich sei, ärgert sich wohl über eine solche Behauptung, allein er hat selten Lust, darüber einen Streit anzufangen. Anders verhält es sich mit den Afterweisen unserer Tage. Diese bilden sich ein, Kraft der von ihnen besuchten Collegien und bestandenen Prüfungen, das entscheidende

Wort über die Genuß- und Nahrungsmittel sprechen zu können, wenn sie auch kein einziges Werk der neueren und älteren Zeit über diesen Gegenstand gelesen und nicht die geringste persönliche Erfahrung darüber gemacht haben.

Wir, die wir seit Jahren oder selbst Jahrzehnten die Fleischkost gemieden, können den Zustand der Gesundheit, in welchem wir uns jetzt befinden, mit demjenigen vergleichen, der uns früher eigen war. Wir sind überdieß mit vielen Gesinnungsgenossen bekannt, welche ähnliche Erfahrungen, als wir selbst machten. Wenn nun die Afterweisen unserer Tage sowohl alle Literatur, als alle persönlichen Erfahrungen unbeachtet lassen und in dem Tone der Alltagsmenschen ihre veralteten Ansichten auftischen, so verdienen sie denjenigen Spott, welcher ihnen wiederholt und namentlich auch in dem Vereinsblatte der Freunde der natürlichen Lebensweise zu Theil geworden ist.

§. 41. Siechthum und Tod.

Nur mit den Ursachen beherrscht der Mensch die Wirkungen. So lange die Ursachen unverändert fortbestehen, entwickeln sich mit Naturnothwendigkeit daraus dieselben Wirkungen. Der Unwille der Alltagsmenschen und die Anmaßung der Afterweisheit kann daran nichts ändern.

So lange die Menschen Fleisch essen, werden die nothwendigen Folgen dieser Lebensart eintreten. Alle Streitschriften fleischessender Aerzte werden daran nichts ändern. Allerdings gibt es unter den Fleischessern mehr oder weniger gesunde Menschen. Tausende derselben können, wenn sie sich mit andern Tausenden, welche dieselbe Lebensweise führen, vergleichen, den Umständen nach mit gutem Rechte behaupten, sie äßen seit 30, 40 oder mehr Jahren Fleisch und fänden sich dabei wohl. Kräftige Naturen, namentlich solche, welche sich viel im Freien bewegen, können manches ertragen, was weniger starken Menschen Siechthum und Tod bringt. So lange ein Mensch übrigens lebt, ist nicht aller Tage Abend. Wenn ein besonders kräftiger und abgesehen von der Fleischnahrung, natürlich lebender Mensch auch ohne besondere Leiden 60 bis 70 Jahre alt geworden ist, so geht daraus keineswegs hervor, daß die Fleischkost ihm nicht geschadet hat. Hätte er zu den andern Vorzügen, die er besaß, auch noch denjenigen der vegetabilischen Lebensweise hinzugefügt, so hätte er sich ohne allen Zweifel einer erhöhten Arbeitskraft erfreut und den Grund zu einer längeren Lebensdauer gelegt.

Ein nur kleiner Theil der Menschheit ist übrigens von der Natur und den äußeren Verhältnissen in dem Maße begünstigt, daß er sich, ungeachtet des Fleischgenusses einer vollkommenen Gesundheit rühmen könnte. Es gibt unter den Fleischessern unserer Tage sehr wenige, welche frei von Mängeln wären. Bei dem einen werfen sich die schlechten Säfte auf die äußeren Theile und werden sichtbar, bei den andern auf die innern Organe, welche dadurch früher oder später zu Grunde gerichtet werden. Selbst die Pflanzenesser unserer Tage sind nicht frei von solchen Uebelständen, denn theils haben sie die Erbschaft ihrer fleischessenden Vorfahren angetreten, theils haben sie noch an den Folgen ihres eigenen früheren Fleischgenusses zu leiden.

Wir, die wir aber Jahrzehnte hindurch Fleisch gegessen und später Jahre oder Jahrzehnte lang uns auf die Pflanzenkost beschränkt haben, wir können unsern Gesundheitszustand früherer Zeit mit demjenigen späterer Zeit vergleichen. Wir können uns selbst mit unsern Altersgenossen, Geschwistern, Freunden und Bekannten vergleichen, welche nach wie vor Fleisch genießen. Diese Vergleiche kann derjenige nicht anstellen, welcher selbst immer Fleisch genossen hat und welcher nur mit Fleischessern verkehrt und die Mittheilungen der Pflanzenesser unbeachtet läßt. Dem denkenden Menschen muß es übrigens, ganz abgesehen von der Ernährungsweise, auffallen, daß die Zahl der Krankheiten sowie der Kranken von Jahrhundert zu Jahrhundert, ja von Jahrzehnt zu Jahrzehnt, allen Recepten der Aerzte, allen Kurmethoden und Badeanstalten zum Trotze immer zunimmt. Diese Zunahme findet am stärksten nicht unter denjenigen Völkern und Menschenklassen, welche in Armuth und Einfachheit leben, sondern gerade unter denjenigen statt, welche in Reichthum und Luxus ihr Dasein zubringen. Unter den Luxusartikeln ist aber gerade das Fleisch derjenige, welcher den entschiedensten Einfluß auf die Gesundheit des Menschen besitzt.

Augenscheinlich werden die großen Vortheile, welche der Wohlstand bietet, überwogen durch die Nachtheile des Luxus, zu welchen er führt, indem die ärmeren Klaffen, namentlich der länblichen Bevölkerung, sich durchschnittlich einer beffern Gesundheit erfreuen, als die reichen Städter. Allerdings mögen diese fortfahren, Luxus zu treiben, Fleisch zu effen, Tabak zu rauchen und Alkohol zu trinken, sie mögen jeden Sommer eine Badekur gebrauchen und jeden Winter Arzneien in Menge verschlucken. Wir können das nicht hindern. Wir können aber mit voller Ueberzeugung behaupten, daß Tausende, welche früher leidend waren und von den gepriesensten Aerzten nicht hergestellt wurden, dadurch ihre verlorene Gesundheit wiederfanden, daß sie die Fleischkost, Tabak und Alkohol aufgaben und die natürliche Lebensweise begannen. Wer dieser aber Siechthum und Tod vorzieht, mag seinen freien Willen haben. Siechthum und Tod wird ihm freilich theurer zu stehen kommen, als Gesundheit und langes Leben bei natürlicher Lebensweise. Doch der Unwissenheit ist nicht zu helfen und Hochmuth kommt vor dem Fall.

§. 42. Die Metzger, die Köche und ihre Opfer.

Der Tribut, welchen die Fleischeffer den Aerzten und Apothekern zahlen, ist groß, allein nicht zu vergleichen mit demjenigen, welchen sie an die Metzger und Köche entrichten. Die Kosten der vegetabilischen Lebensweise sind selbst jetzt, da doch alle Einrichtungen mehr zu Gunsten der Fleischeffer, als der Pflanzeneffer getroffen sind, um ein Bedeutendes geringer, als die Kosten der Fleischspeisen. Sobald übrigens die Zahl der Pflanzeneffer nur so groß geworden sein wird, daß es sich der Mühe lohnt, zu ihren Gunsten besondere Speiseanstalten zu gründen, wird sich die Wohlfeilheit der Pflanzenkost noch augenfälliger machen.

Uebrigens ist der Kostenpunkt, so bedeutend er in diesem Leben auch sein mag, selbst den Metzgern und Köchen gegenüber keineswegs die Hauptsache. Ich will keinem Stande und keiner Klasse von Arbeitern zu nahe treten. Allein es versteht sich von selbst, daß Menschen, deren Arbeit darin besteht, unglückliche, hülflose Thiere zu tödten, deren Leichen zu zerstückeln, zu sieden und zu braten, oder selbst die Thiere noch lebend in die glühende Pfanne zu werfen oder langsam zu Tode zu martern, dieses Alles nur thun, um Geld zu erwerben, es läßt sich von ihnen gar nicht erwarten, daß sie sich bei ihrem Geschäftsbetriebe durch außerordentliche Gewissenhaftigkeit auszeichnen. Es kommt daher nicht selten vor, daß ein schwer krankes Thier gleich einem gesunden abgeschlachtet, daß Kälber, Schweine, Gänse und andere Thiere, welche an schlimmen Krankheiten gestorben sind, in die Küche wandern, dort zubereitet und dann auf die Tafel gebracht und verzehrt werden.

Es ist sehr schwer, Aerzte und Apotheker zu controlliren. Wie oft hat es einem Menschen das Leben gekostet, daß der Arzt ein falsches Gewichtszeichen machte oder irgend ein Wort undeutlich schrieb! Wie oft kommt es vor, daß der Apotheker eine unrichtige Schublade zieht oder eine unrichtige Flasche greift! Von tausend Fehlern, welche Aerzte und Apotheker machen, kommt einer vielleicht zu Tage, neun hundert neun und neunzig deckt die Erde zu. Allein die Fehler, welche Metzger und Köche in Betreff der Fleischspeisen machen, sind unendlich zahlreicher und um so verderblicher, je kleiner die Dosen sind, mit welchen sie ihre Kunden vergiften.

Mit der Pflanzenkost kann nicht derselbe Unfug wie mit der Fleischkost getrieben werden. Es gibt keine leberkranke Erdäpfel, keine lungenschwindsüchtige Weizenkörner, keine aussätzigen Gemüse, wie es Gänse, Kühe und Schweine mit derartigen Krankheiten gibt. Doch die Schlemmer wollen Fleisch essen auf die Gefahr hin, daß es Trichinen und die Keime von Bandwürmern enthalte. Sie mögen aber, wenn sie in Folge ihrer krankhaften Eßlust und ihres verdorbenen Geschmackes erkranken, nicht der Natur, sondern sich selbst die Schuld ihres Jammers beimessen!

§. 43. Kinder, Frauen und Männer.

Das Gemeinschädliche macht sich immer allen betheiligten Personen fühlbar, allein es nimmt doch nach Verschiedenheit derselben verschiedene Gestalten an. So verhält es sich auch mit dem Tödten harmloser Thiere und der Fleischkost. Je nach Verschiedenheit des

Alters und des Geschlechts treten andere Folgen ein, welche jedoch alle darin übereinstimmen, daß sie verderblich sind.

Wie schön sagt J. P. Fr. Richter, wir sollen das Kind zur Liebe erziehen. Die Liebe zum Thiere ist aber, namentlich bei dem Kinde, der Liebe zum Menschen nahe verwandt. Ist es Erziehung zur Liebe, wenn wir unsere Kinder in die Schlachthäuser, zu den Metzgerläden oder in die Küchen führen, in welchen vierfüßige Thiere, Fische und Vögel aller Art getödtet und zerstückt werden? Indem wir aber ein Kind mit Fleisch füttern, führen wir es im Geiste wenigstens zu den Orten, wo dieses bereitet wird.

Kinder lieben niemals Fleischspeisen. Indem wir ihnen solche aufnöthigen, thun wir zugleich ihrem Geschmacke und ihrem Gefühle Gewalt an. Wir verderben den Geschmack und stumpfen das Gefühl des Kindes ab. Die Folgen eines solchen Verfahrens können nicht ausbleiben und fallen von den Kindern auf die Eltern zurück. Aus dem Geschmacke für das Fleisch entwickelt sich frühzeitig der Geschmack für Tabak und Alkohol, das im Verhältniß zur Thierwelt stumpf gewordene Gefühl zeigt sich bald schon auch den Menschen gegenüber stumpf. Ist es so weit gekommen, dann bedauern gewöhnlich die Eltern die schlechten Sitten und die rohen Handlungen ihrer Kinder, aber nur selten ahnen sie, daß sie selbst den Keim zu den Uebelständen, welche sie beklagen, gelegt haben.

Wie auf die Kinder, so wirkt auch auf die Frauen das Tödten harmloser Thiere und die Fleischkost besonders verderblich. Sie sind es, welche die armen Thiere in der Küche tödten, rupfen, sieben und braten müssen. Sie sind es, welche die armen Hähnchen zu Kapaunen machen und die Gänse stopfen. Die Pflanzenkost ist schnell gekocht, macht nur wenig Mühe und nimmt geringe Zeit in Anspruch. Wie viel Mühe und Zeit, wie viel Schmutz und Unannehmlichkeiten aller Art bereitet aber ein Thier, welches zubereitet werden soll der Köchin! Fassen wir beispielsweise ein Täubchen, ein Huhn oder eine Gans in's Auge! das arme Thier muß getödtet werden, was jedem fühlenden Herzen wehe thut. Das Blut muß da oder dort untergebracht werden, wobei gewöhnlich, wären es nur einige Tropfen, daneben fließen. Wird dann das arme Thier gerupft, so zerstreut jeder Windhauch die Federn in die Lüfte und von da häufig

auf Gegenstände, welche durch sie verunreinigt werden. Und was
ist der Gewinn für alle diese Arbeit? Wahrhaftig, der Mann muß
sehr gefräßig und herzlos sein, welcher seiner Frau alle diese Mühe
bereitet, um einen Mund voll Tauben- oder Hühnerfleisch zu erhal=
ten. Und welchen Lohn hat die Frau für alle diese Mühe, die sie
sich für ihren Mann in der Küche gibt? Wenn dieser recht viel
Fleisch gegessen hat, so fühlt er das Bedürfniß, Bier, Wein oder
Branntwein zu trinken und geht zu diesem Behufe in's Wirths=
haus. Die Frau kann sich mit den Kindern quälen. Der Mann
vertrinkt nicht selten am Abende, was er im Laufe des ganzen Ta=
ges verdient hat. Das Geld, die Gesundheit, das Familienleben —
das Alles wird dem Bauche zum Opfer gebracht, und die Quelle
des Uebels ist die Fleischkost. Denn die Pflanzenkost ist an und für
sich weit billiger. Sie erzeugt weder Krankheit noch krankhaften
Durst. Wer sich mit ihr begnügt, hat keine Freude am Wirths=
hause. Ihm ist der Tabaksgeruch widerlich, und die Getränke, welche
er zu sich nimmt: frisches Wasser und süße Milch, bekömmt er zu
Hause vortrefflich, in der Wirthschaft aber entweder gar nicht, oder
sehr schlecht. Die Fleischkost ist daher die bitterste Feindin liebe=
voller Kindererziehung, eines häuslichen, billigen und reinen Fami=
lienlebens, während die Pflanzenkost die festeste Stütze eines liebe=
vollen, wahrhaft schönen Familienlebens ist.

Dennoch sind die Frauen gewöhnlich noch mehr, als die Män=
ner, voll von Vorurtheilen gegen die Pflanzenkost, natürlich nur,
weil sie mit den Vortheilen unbekannt sind, welche diese Lebensweise
der Menschheit überhaupt und insbesondere ihrem Geschlechte bietet.
Die Frau liest in der Regel weniger, als der Mann, wenn sie auch
mehr, als dieser in die Kirche geht. Von der Kanzel herab hört sie
aber nichts zu Gunsten der Pflanzenkost, weil die Herren Pfarrer
gewöhnlich große Freunde eines „guten Bratens" sind. An diesen
Thatsachen können wir nichts ändern. Die Frau wird leiden müssen,
so lange sie nicht denkt, und nicht richtig fühlt.

Zu alledem kömmt noch eine für die Frauen und folgeweise
natürlich auch für die Männer höchst wichtige Betrachtung hinzu.

Unter dem Einflusse der Pflanzenkost werden alle Körpertheile
weit elastischer, als bei der Fleischkost. Der Körper der Mutter und

der Leibesfrucht sind weit elastischer wenn die Frau sich von Pflan=
zen, als wenn sie sich vom Fleische nährt. Die Entbindungen
der Frauen, welche an die Pflanzenkost gewöhnt sind, gehen daher
weit schmerzloser und weit ungefährlicher von statten, als diejenigen
der Fleischesserinnen.

Sollten liebende Männer darauf gar keine Rücksicht nehmen?
Wo nicht, so werden sie vielleicht am Grabe einer theuren Gattin
zu spät bereuen, sich der Stimme der Natur verschlossen zu haben.

§. 44. Vergangenheit, Gegenwart und Zukunft.

Aus der Vergangenheit entwickelt sich die Gegenwart, wie aus
der Knospe die Blume. Eine Lebensweise, welche eine so großartige
Vergangenheit hat, als die Pflanzenkost, und welche in der Gegen=
wart so begeisterte Anhänger in allen Theilen der civilisirten Welt
gefunden hat, geht mit mathematischer Sicherheit einer großartigen
Zukunft entgegen.

Aus dem grauen Alterthum bringt zu uns die Sage einer
Zeit ursprünglicher Reinheit und ungetrübter Heiterkeit, in welcher
Friede war unter den Menschen und zwischen Menschen und Thier.
Die Griechen nannten diesen Abschnitt im Völkerleben das goldene
Zeitalter, die Juden das Paradies.

In ähnlicher Weise tauchte im Schoose der alten Völker die
Hoffnung auf, eine ähnliche Zeit werde einst wieder kehren. Aller=
dings folgte auf das goldene Zeitalter oder auf das Paradies eine
Zeit der Wildheit und Rohheit, in welcher die Menschen sich gegen=
seitig bekriegten und auch zwischen Menschen und Thier Unfriede
entstand, der Mensch sogar Menschenfleisch, oder doch Thierfleisch
genoß. Aber nicht alle Völker, nicht alle Menschen sanken so tief.
In Ostasien lebten schon vor 2500 Jahren die Buddhisten, in Grie=
chenland und Italien die Pythagoräer, in Judäa, Aegypten und
Arabien die Essäer von Pflanzenkost. Allerdings gingen diese Keime
ursprünglicher Reinheit theilweise im Sturme der Völkerwanderungen
unter, wie seit dem vierten Jahrhundert nach Christus so viele an=
dere schöne Keime zu Grunde gingen. Allein im fernen Osten leben

jetzt noch, wie vor Jahrtausenden, 300 Millionen Menschen von Pflanzenkost, weil sie es für unrecht halten, harmlose Thiere ihres Fleisches wegen zu tödten, und im Westen erhielten sich unter der Gestalt des Fastens wenigstens einige Keime der vegetabilischen Lebensweise, bis seit der Mitte des achtzehnten Jahrhunderts die Idee ausschließlicher Pflanzenkost von neuem Wurzeln schlug und im Schooße aller civilisirten Völker begeisterte Anhänger fand.

Eine Idee, welche so alt ist, als die Wiege des Menschengeschlechtes, welche selbst durch die Stürme der Völkerwanderung nur theilweise erschüttert werden konnte und seit einem Jahrhunderte wiederum großartige Fortschritte machte, eine solche Idee wird über den Stumpfsinn der Alltagsmenschen, über die Redensarten der Afterweisheit, über Tod und Siechthum, über Metzger und Köche, über die Verderbniß von Kindern, Frauen und Männern den Sieg davon tragen. Allein ohne Kampf gibt es keinen Sieg. Der Kampf gegen die Fleischkost wird um so langwieriger werden, je stumpfsinniger die Menschen sind und je höher in deren Augen die Afterweisen unserer Tage stehen. Siechthum und Tod sind aber doch den meisten Menschen noch verhaßter, als Einfachheit und Mäßigkeit, und die mehr und mehr um sich greifende Noth der Armen wird diese zwingen, die Frage der Wohlfeilheit der Lebensmittel in ernstliche Erwägung zu ziehen und schon aus diesem Grunde der Pflanzenkost den Vorzug vor der Fleischkost einzuräumen. Die immer weiter um sich greifende Lüsternheit der Kinder, der immer schwerer auf dem weiblichen Geschlechte lastende Druck und die immer größer werdende Ausschweifung unter den Männern, — alle diese Uebelstände, welche ihren Urgrund haben in der Fleischkost, werden früher oder später die Völker auf bessere Wege führen.

Seit fast einem Jahrhunderte taumelt Europa von einer Revolution zur andern. Eine Bande von Schlemmern wird gestürzt, doch ihr folgt eine andere nach, welche sich von der früheren nicht wesentlich unterscheidet. Die Herrscher haben alle so viele Bedürfnisse, daß sie unmöglich ihr Regierungssystem nach den Grundsätzen der Einfachheit und Nüchternheit einrichten können. Da sie selbst ihren Leidenschaften keine Schranken ziehen, können sie auch ihren Dienern und Unterthanen keine solche setzen, wovon die Folge ist, daß die alten

Uebelstände, wenn auch unter neuen Formen, früher oder später wiederkehren.

Eine durchgreifende Besserung wird erst eintreten, wenn Menschen, deren ganzes Leben für ihre Einfachheit und Mäßigung Bürgschaft leistet, an die Spitze der Regierung berufen werden. Diese können den Leidenschaften, welche sie selbst abgeschüttelt haben, auch bei ihren Untergebenen und durch diese bei der Gesammtheit des Volkes Schranken setzen. Eines der bezeichnendsten Merkmale einer besseren Lebensweise wird aber sein die Vermeidung der Fleischkost und aller andern Gifte. Allerdings bildet eine derartige Vermeidung nur die negative Seite der Tugend, und wenn ihr die positive nicht zur Seite steht, Menschenliebe und Gerechtigkeit, so wird die Vermeidung des Bösen allein nicht ausreichen.

Allein es bildet die Vermeidung der Fleischkost und aller übrigen Gifte eine so augenscheinliche, so zu sagen handgreifliche Eigenschaft, daß sie leicht zu erkennen ist, während der Genuß von Fleischkost, Tabak und Alcohol an und für sich schon ein Uebel ist, welches unaufhaltsam andere nach sich zieht.

§. 45. Schluß.

Die große Frage unsrer Tage ist nicht, wie Manche glauben, die Frage: ob Monarchie, oder Republik? Diese Frage ist eine untergeordnete. Von durchgreifender Wichtigkeit ist vielmehr nur die Frage: wie läßt sich der Gegensatz zwischen haarsträubender Armuth und unermeßlichem Reichthum, der Gegensatz zwischen Capital und Arbeit ausgleichen? Die Regierungsform hat es, wie der Ausdruck schon andeutet, nur mit einer Form zu thun, die sociale Frage umfaßt aber das Wesen der Dinge. Die Regierungsform ist nur insofern von Bedeutung, als sie entweder die Lösung der socialen Frage fördert oder hemmt, oder mit anderen Worten, als sie den Gegensatz zwischen Armuth und Reichthum auszugleichen oder noch zu verschärfen geeignet ist.

Die Sklaverei und die Leibeigenschaft der Vorzeit sind allmählig beseitigt worden, an deren Stelle ist aber der Gegensatz zwischen

übermäßigem Reichthum und haarsträubender Armuth getreten, wel=
cher zu ganz ähnlichen Folgen führt, wie Sklaverei und Leibeigenschaft
sie nach sich zogen.

Auch auf diesen Gegensatz muß die Ernährungsweise einen ent=
scheidenden Einfluß üben. Drei bis viermal des Tages nimmt der
Mensch Speise und Trank zu sich. Bei einem großen Theile der
Menschheit dreht sich das ganze Leben um das Essen und um das
Trinken, oder, wie man sich auszudrücken pflegt, um den Brodkorb.
Diejenigen Gedanken und Gefühle, welche das Essen und das Trin=
ken begleiten, sind gewöhnlich auch maßgebend in allen übrigen Be=
ziehungen des Lebens.

Jetzt denkt der Mensch, wenn er sich zu Tische setzt, gewöhnlich
gar nicht über die Frage nach, auf welche Weise ihm sein Mahl be=
reitet werde, ob er ein Recht habe, dasselbe zu genießen und ob es
seiner Gesundheit zuträglich sei. Würde er sich diese Fragen vor=
legen, so müßte er sie dahin beantworten: die Fleischspeisen, welche
einen Theil meines Mahles bilden, setzen die Tödtung eines Thieres
voraus, was an und für sich ein Unrecht ist, und das Fleisch, wel=
ches auf diese Weise gewonnen wird, ist ein durchaus ungesundes
Nahrungsmittel.

Doch diese Fragen legt sich fast Niemand vor. Dieselbe Ge=
dankenlosigkeit und derselbe Stumpfsinn, mit welchem sich die meisten
Menschen drei oder vier mal zu Tische setzen, bewährt sich auch in
allen übrigen Beziehungen des Lebens. Der Mensch, welcher ge=
dankenlos ißt und trinkt, handelt gewöhnlich auch gedankenlos in seinem
Geschäfte und bei allen Fragen des öffentlichen Lebens und der Wohl=
thätigkeit.

Der Reiche, welcher sich eine derartige Gedankenlosigkeit und
solchen Stumpfsinn angeeignet hat, bekümmert sich noch viel weniger
um die armen Leute seiner Gemeinde, seines Vaterlandes und der
ganzen Welt überhaupt, als um die Gesundheit seines Körpers und
die Verpflichtungen, welche ihm die Nächstenliebe und die Sittlichkeit
auferlegen.

Der Arme seinerseits bewährt seine Gedankenlosigkeit und seinen
Stumpfsinn, abgesehen von der Frage des Essens und Trinkens, da=
durch, daß er, ohne die Folgen eines übertriebenen Luxus zu beachten,

9

nur barnach strebt, sich ähnliche Genüsse zu verschaffen, wie sie sich sein reicher Nachbar erlaubt. Dieses Streben, welchem keine Klarheit des Gedankens, keine Thatkraft und keine Ausdauer zu Grunde liegt, erzeugt nur Neid, Mißgunst und Haß.

So wird die Kluft, welche an und für sich Reichthum und Armuth trennt, immer tiefer und verderblicher für alle Zustände des gesellschaftlichen Lebens.

Wenn der Mensch aber endlich anfinge, über sein Verhältniß zur Thierwelt nachzudenken, wenn er dasselbe auf die festen Grundlagen der Liebe und der Gerechtigkeit stützte, so würde ohne Zweifel eine ähnliche Anschauungsweise in Betreff der gegenseitigen Verhältnisse der Menschen Platz greifen. Der Reiche würde aufhören, mit vornehmer Geringschätzung oder kalter Fühllosigkeit auf den Armen herabzublicken, und der Arme würde in dem Bewußtsein, daß die Folgen des Luxus ebenso schlimm, wenn nicht schlimmer als diejenigen der Armuth sind, den Neid und die Mißgunst aufgeben, welche er seinem reichen Nachbar widmet.

Viele Menschen pflegen, wenn sie zu Tische gehen, zu beten, oder Gott für die bescheerten Speisen zu danken. Sie würden besser thun, über die aufgetragenen Speisen nachzudenken und nur solche zu dulden, welche nicht im Widerspruch mit dem Sittengesetze oder mit den Regeln der Gesundheit stehen. Allein auch das Gebet und der Gott gespendete Dank nimmt Theil an der allgemeinen Gedankenlosigkeit und dem herrschenden Stumpfsinn.

Wenn die Menschen im Augenblicke, da sie sich zu Tische setzen, nur an ihre Gesundheit denken wollten, würde schon viel gewonnen sein. Namentlich auf den Tafeln der Reichen finden sich gewöhnlich an Speise und Trank weit mehr, als erforderlich ist, auch den größten Hunger zu befriedigen und den empfindlichsten Durst zu löschen. Wie viele arme Menschen könnten von den Abfällen der Tafeln der Reichen gespeist werden! Allein die Armen werden von den Reichen nicht zu Tische geladen, vielmehr ladet ein Reicher den andern ein und der Arme wird bei ihren Tafelfreuden nicht gedacht. Je gedankenloser und stumpfsinniger sich der Mensch aber zu Tische setzt, desto bitterer sind die Folgen seiner Gedankenlosigkeit und seines Stumpfsinns. Je weniger der lüsterne Mensch bei Tische seiner Ne-

benmenschen und seiner eigenen Gesundheit gedenkt, desto gieriger ißt
und trinkt er gewöhnlich. Er nimmt nicht bloß zu viel Speise und
Trank zu sich, sondern auch solche, welche entweder an und für sich
schädlich oder doch mit den andern Speisen und Getränken, die er
genießt, unverträglich sind. Die unausbleiblichen Folgen einer solchen
Unmäßigkeit bestehen in mannchfaltigen Krankheiten, Siechthum und
frühem Tod. Daß die Menschen unserer Tage und der sogenannten
civilisirten Nationen ausgeartet sind, geht schon daraus hervor, daß
es eine Menge Kinderkrankheiten gibt, deren Keim der junge Weltbürger schon auf diese Erde mitbringt. Woher kommen die Blattern,
Masern, Scharlachfieber u. s. w. der Kinder, wenn nicht von der naturwidrigen Lebensweise ihrer Eltern? Woher kommt es, daß die
Hälfte der Menschen stirbt, bevor sie das männliche oder das mann-
bare Alter erreicht hat? Diese Thatsachen beweisen mit zwingender Noth-
wendigkeit, daß die Lebensweise in unsern Tagen eine durchaus naturwidrige sein muß. Die Fleischspeisen und deren Anhängsel, Alcohol
und Tabak, zu viel und zu starker Thee und Kaffee, Mangel an
frischer Luft und Reinlichkeit, kurz alles dasjenige, was die Pflanzenesser als verderblich bezeichnen, trägt die Schuld daran.

Nur in einem gesunden Körper kann aber eine gesunde Seele
wohnen. Der Reiche, welcher täglich mit Arzt und Apotheker zu
schaffen hat, welcher bald diesen bald jenen Schmerz fühlt, bald diese
bald jene Krankheit wirklich hat oder doch befürchtet, ist nicht in einem
Gemüthszustande, welcher ihn befähigt, seine Pflichten der Mitwelt
gegenüber zu erfüllen. Er hat so viel mit sich selbst zu thun, daß
ihm für seinen Nächsten weder Zeit noch Stimmung übrig bleibt.
Mehr oder weniger nimmt aber auch der Arme an der herrschenden
Gedankenlosigkeit und dem allgemein verbreiteten Stumpfsinne Theil.
Er kann zwar nicht, gleich dem Reichen, Champagner trinken, allein
er trinkt um so mehr Bier und Branntwein, er kann keine feinen
Havannah-Cigarren rauchen, allein er raucht um so mehr Knaster.
Er muß sich Fasanen, Wildpret und frische Seefische versagen, allein
er ißt Schweinefleisch, bereitet seine Suppen und Gemüse mit thie-
rischem Fett, ißt Lungen- und Lebermuß, Würste, in welche das
Fleisch von gefallenen Thieren hineingehackt ist, und thut daher seinem
Körper nicht minder großen Schaden durch seine Lebensweise, als der

Reiche. Wenn ich mir eine Welt denke, in welcher jeder Mensch, er sei arm oder reich, alle Nahrungs- und Aufregungsmittel, welche der Gesundheit schädlich sind, vermeidet und nichts genießt, was einem Mitgeschöpfe das Leben kostet, so wird eine solche Welt sich einer weit ruhigeren, gesunderen und frischeren Gemüthsstimmung erfreuen. Eine derartige menschliche Gesellschaft wird weniger gefräßig, weniger trunksüchtig, weniger eigennützig und weniger gewaltthätig sein, als die unsrige. Das Mitglied einer solchen Gesellschaft wird Zeit und Muße übrig haben, an seinen Nächsten zu denken und diesem Beweise seines wohlwollenden Gemüthes zu geben. Der Reiche, welcher seinem armen Nachbarn freundlich und menschlich begegnet, wird dessen Neid und dessen Mißgunst nicht mehr rege machen, und der Arme, welcher sieht, daß ihm der reiche Nachbar das Beispiel einer naturgemäßen Lebensweise und eines hochherzigen Strebens gibt, wird demselben statt des Hasses, welcher jetzt nur zu oft vorherrscht, ihm nur freundliche Gefühle widmen.

Da die natürliche Lebensweise überdieß weit wohlfeiler als die naturwidrige ist, wird der Mensch nicht mehr in demselben Maße wie jetzt durch seine zahlreichen Bedürfnisse aufgefordert, mit rastloser Hast nach Geld und Geldeswerth zu streben. Diese Hast ist aber die Hauptursache des Druckes, welchen die Menschen in ihrem gegenseitigen Verhältnisse auf einander ausüben: der Reiche, wenn er erkennt, daß der Arme seines Capitales bedarf, und der Arme, wenn er sieht, daß der Reiche seine Arbeit haben muß. Ueberdieß könnte der Arme, wenn er naturgemäß leben wollte, einen ansehnlichen Theil seiner Zeit und seiner Geldmittel auf seine und der Seinigen Bildung verwenden. Mangel an Bildung ist aber die Hauptursache der Armuth. Der wahrhaft gebildete Mensch, welcher naturgemäß lebt, besitzt in weit höherem Maße als der rohe Mensch, der ein Sclave seiner Leidenschaften ist, die Mittel, sich Geld zu erwerben, ganz abgesehen davon, daß eine frische Arbeitskraft und eine ungetrübte Gesundheit die bedeutungsvollsten Voraussetzungen wie jedes Genusses, so auch jedes Erwerbes sind.

Wer in dem großen Kampfe unserer Zeit nicht auf der Seite der Unterdrücker oder der gedankenlosen Masse stehen will, der möge wohl beherzigen, was dieses Büchlein und insbesondere dieser letzte

Paragraph besselben ihm zu Gemüthe führt. Wohl tröstet sich Mancher mit den Worten, welche Genz seiner Zeit aussprach: „Mich und Metternich hält's noch aus." Allein es dürfte ihm dann auch gehen entweder wie Genz, welcher frühzeitig starb, oder wie Metternich, welcher von der Höhe seiner Stellung kopfüber herabgeworfen wurde.

Niemand kann vorhersagen, wann der Gegensatz zwischen Reich= thum und Armuth einen blutigen Zusammenstoß herbeiführen werde. Allein jeder denkende Beobachter der Mitwelt erkennt, daß dieser Zusammenstoß unausbleiblich ist, insofern die Schroffheit des be= zeichneten Gegensatzes nicht gemildert wird.

Das auf diesen Blättern von uns bezeichnete Heilmittel würde aber beiden Theilen, den Armen wie den Reichen, Vortheil bringen.

Man wendet vielleicht ein: „in Ostasien leben seit 2500 Jahren 300 Millionen Menschen nur von Pflanzenkost und die Folgen sind nicht eingetroffen, welche in dieser Schrift der vegetabilischen Lebens= weise zugeschrieben werden."

Darauf erwidere ich: nirgends habe ich gesagt, daß die Er= nährungsweise der einzige Grund der Entwicklung der Völker sei. Naturanlage, klimatische Verhältnisse, Erziehung, Staat und Kirche üben einen mächtigen Einfluß auf die Nationen und die einzelnen Menschen. Alle diese Hebel der Bildung waren seit Jahrtausenden den Europäern günstiger als den Asiaten. Die Pflanzenkost für sich allein war nicht im Stande, die ungünstigen Einflüsse zu besiegen, welche aus den eben erwähnten Verhältnissen hervorgingen.

Allein soviel ergibt sich jedenfalls aus dem Beispiele der Pflanzen essenden Buddhisten, daß im Laufe von zwei und einem halben Jahr= tausend deren körperliche Tüchtigkeit, Arbeitskraft und Ausdauer in keiner Weise gelitten hat, und daß sie in allen diesen Beziehungen den Europäern überlegen sind, welche sich zu ihren Herrschern auf= geworfen haben.

So hoch ich den Einfluß der Ernährungsweise anschlage, so bin ich doch nicht blind gegenüber den tausendfältigen anderen Einflüssen, welche sich im bewegten menschlichen Leben geltend machen.

In einer Beziehung, in Betreff unseres Verhältnisses zur Thier= welt und unserer Ernährungsweise mögen uns die Buddhisten Asiens

Muster sein, in vielem anderem mögen sie in den Europäern Vorbilder erkennen, denen sie nachzustreben haben.

Soviel zur Abwehr von Mißverständnissen!

Uebrigens können wir uns nicht blos auf 300 Millionen Buddhisten, sondern auch auf Millionen von Essäern ein halbes Jahrtausend hindurch und auf ungezählte Pythagoräer berufen, welche acht
Jahrhunderte lang sich auf die Pflanzenkost beschränkten und die
Fleischkost verabscheuten. Die Essäer zeichneten sich unter den Bewohnern Palästinas nicht minder als die Pythagoräer unter denjenigen Griechenlands und Italiens durch ihr streng sittliches Leben und
hohe Geistesbildung aus.

Wenn wir durch die Buddhisten den Beweis führen können, daß
die Pflanzenkost, weit entfernt einen entnervenden oder schwächenden
Einfluß auf den menschlichen Körper zu üben, die körperliche Tüchtigkeit Derjenigen erhöht, welche streng nach den Vorschriften Buddha's
leben, so können wir durch das Beispiel der Essäer und Pythagoräer
nachweisen, daß die Enthaltung von der Fleischkost den günstigsten
Einfluß auf die Entwickelung des Characters und des Geistes übt.

Nicht der Gegensatz zwischen den asiatischen Buddhisten und den
europäischen Christen, sondern der Gegensatz zwischen den die Lehren
Buddha's genau befolgenden asiatischen Priestern und Kriegern und den
dieselben unterlassenden Paria's ist maßgebend. Die letzteren werden
in die englisch=ostindische Armee gar nicht aufgenommen. Diese besteht vielmehr nur aus Mitgliedern der Kasten der Krieger und
Braminen.

In den Stürmen der Völkerwanderung gingen die Essäer und
Pythagoräer unter. Ihre erhabenen Lehren verschwanden inmitten
der allgemein herrschenden Barbarei, gerade so wie die unsterblichen
Werke griechischer Kunst und Wissenschaft unter dem Schutte der
Verwüstung begraben wurden. Ueber ein Jahrtausend verging, bevor
im Schooße der neugebildeten Staaten die Liebe und der Sinn für
Kunst und Wissenschaft und überhaupt für griechische Bildung wieder
erwachte.

Die Buddhisten Ostindiens blieben verschont von den Drangsalen
der Völkerwanderung. Es wurden ihnen aber auch nicht frische

Kräfte zugeführt, aus welchen sich im Laufe der Jahrhunderte neue Völker mit regem Streben entwickelten. Auf diese Weise erklärt die Geschichte sehr deutlich, wie es kam, daß die Völker Ostasiens keinen großartigen Aufschwung nahmen, während diejenigen Europas und namentlich des westlichen Europas unausgesetzt fortschritten auf der Bahn der Entwickelung. Jetzt endlich sind sie dahin gekommen, wieder Empfänglichkeit für die erhabenen Lehren der Buddhisten, Essäer und Pythagoräer zu besitzen.

Allen Lesern, welche mir durch die vier Bücher dieses Werkes bis hierher gefolgt sind, sage ich meinen herzlichen Dank. Es mag sein, daß ich in untergeordneten Punkten da oder dort geirrt habe. In der Hauptsache ruhen meine Mittheilungen auf selbstgemachten Erfahrungen und Studien, welche einen Zeitraum von nahezu 37 Jahren ausfüllen. Welcher Gegner der Pflanzenkost kann von sich behaupten, daß seine Mittheilungen auf einem festeren Grunde ruhen? Uebrigens bin ich jetzt und war ich mein ganzes Leben hindurch weit entfernt, irgend einem Menschen meine Ansichten aufdrängen zu wollen. Ich weiß zu gut, daß Zudringlichkeit nur die Folge hat, die Neigung zur Abwehr hervorzurufen. Ich habe daher vielleicht zu lange gezögert, die Ansichten, welche der Entwicklung meines ganzen Lebens wesentlich zu Grunde lagen, öffentlich auszusprechen. In meinen „Mandaras' Wanderungen" und in einem Artikel der illustrirten Familienblätter von Payne aus dem Jahre 1864 habe ich gewissermaßen nur Leuchtkugeln aufsteigen lassen, um zu sehen, wie die allgemein herrschende Finsterniß sich im Scheine einiges Lichtes ausnehme und um Gesinnungsgenossen und empfänglichen Gemüthern ein Kennzeichen zu geben.

Erst in diesem Werke habe ich mich über den wichtigen Gegenstand der Pflanzenkost in umfassender und gründlicher Weise ausgesprochen, da ich mich durch die Erscheinungen der letzten Jahre überzeugt habe, daß es an Empfänglichkeit für die natürliche Lebensweise nicht fehlt. Mögen diese Worte nicht vergeblich gewesen sein!

Soeben ist erschienen und durch alle gute Buchhandlungen zu beziehen:

Die Thermodiätetik oder das tägliche thermoelectrische Licht- und und Luftbad in Verbindung mit naturgemäßer Diät, als zukünftige Heilmethode, sowie als Fingerzeig für den Lehrer-, Turner- und Soldatenstand in physischer wie moralischer Beziehung, theoretisch und praktisch dargestellt von Arnold Rikli, Director und Eigenthümer der Naturheilanstalten in Triest und Valdes in Oberkrain. Mit einer Photographie. Im Selbst-Verlage des Verfassers und bei Braunmüller in Wien. 1869.

Von Theodor Hahn, Arzt der Wasserheilanstalt „Auf der Waid" bei St. Gallen (Schweiz), sind erschienen:

Die Wasserheilkunde im Gegensatze zur Medicinheilkunde im Geiste J. H. Rausse's. St. Gallen, Scheitlin und Zollikofer. 4 Sgr. 1850.

Die Cholera und ihre wasserärztliche Behandlung. Ebendaselbst. 4 Sgr. 1850.

Der Croup (die häutige Bräune) und seine wasserärztliche Behandlung. Ebendaselbst. 12 Sgr. 1851.

Das Sündenregister der Medicinheilkunde. Leipzig, Magazin für Literatur. 15 Sgr. 1851.

Wasser thut's freilich! 5. Auflage. Ebendaselbst. 1 Thlr. 1858.

Die Grundlehren der Wasserheilkunde. 4. Auflage des „Geist der Gräfenberger Wasserkur von J. H. Rausse." Leipzig, Magazin für Literatur. 15 Sgr.

Anleitung zur Ausübung der Wasserheilkunde. 3. Auflage. Leipzig, E. Keil. 2 Thlr. 27 Sgr. 1858.

Die naturgemäße Diät, die Diät der Zukunft. Nach Erfahrung und Wissenschaft aller Zeiten und Völker. Cöthen, P. Schettler. 1 Thlr. 1859.

Praktisches Handbuch der naturgemäßen Heilweise. Zürich, Verlagsexpedition (J. Schabelitz). 24 Sgr. 1866.